開運 松居一代の おそうじ本

Cleaning Book

松居一代

出発

第一弾のお掃除本を出版したのは今から三年前、二〇〇四年でした

今だからお話しできますが、掃除本を出したいと出版社に持ち込んだものの、当初は無残にも断られました

理由は「掃除本は売れない」ということからです

ところがこの三年で世の中は空前の掃除ブーム

本屋に行けばずらっと掃除本が並んでいます

いやぁ……圧巻ですね！　うれしくってたまりません

ついに掃除が市民権を獲得したのです

掃除のすばらしさをようやくご理解いただけるようになってきました

でも、私は皆さんの背中をもっと押したい！

そこで今回はさらにブラッシュアップ

ひとりでも多くの方に幸せをつかみ取っていただきたい一心から『松居一代の開運おそうじ本』を執筆することにしました

私の人生は試練の連続でしたが危機一髪、崖っ縁のところで
必ず奇跡が起こり、私は救われました
毎回奇跡ですよ　その奇跡を呼んだのは何か……

それは紛れもなく「掃除力」です

「掃除力」が私に幸せを運んでくれたのです
幸せと掃除が深い関係にあることを皆さんにも
もっともっと知っていただきたい
掃除マニアの私が出し惜しみすることなく
私流の「開運掃除術」を一挙大公開!!

さあ、まいりますよ

「汚い家には幸せは来ない！」

あなたの明るい未来に向かって出発です

Part 1

松居流お掃除極意

Part2

実践！開運掃除術

玄関

リビングルーム

寝室

和室

キッチン

浴室・洗面所

トイレ

Part 1

松居流
お掃除極意

松居流

お掃除極意【その1】

掃除はこころの整理

掃除はあなたの心の整理です
家の状態は、あなたの心の状態を表しています
家が散らかっていたり、汚れていると
あなたの心の中もまるで糸が絡まるように
ごちゃごちゃしているはずです
家をあなたの手で掃除することで
絡まった糸がほぐれていきます
心も整理されてくるのです
これまでと違った可能性が湧いてきます
家の汚れを取ることで
間違いなく人生正面から向き合う気力も生まれてきます
あなたの人生には新たなチャンスが巡ってくるのです

松居流

お掃除極意【その2】

言い訳は未来を潰す

慣れほど恐ろしいものはありません
毎日見慣れている汚れやホコリが気にならなくなるのです
しかし、散らかった家にはあなたは帰りたくないはずです
言い訳をして家から遠ざかっていませんか
〝開かずの間〟を避けてはいませんか
家の新旧も言い訳にしていませんか
新しくても、家は泣いているかもしれません
築年数を重ねていても家はキラキラ笑えます
泣かすも笑顔もあなた次第
決して遅くはありません
家はあなたの愛を待っています

松居流

お掃除極意【その3】

汚れは無気力を生む

汚れて散らかった家に住んでいると
悪いエネルギーがあなたを襲い、あなたに疲労感を与え
無気力にしてあなたを怠け者にしてしまいます
悪いエネルギーは、汚れ・ホコリ・カビが大好きで
それらのまわりにたまっています
たまるとどうなるか……
掃除するエネルギーが無くなってしまうのです
一度あなたの家に絡みついた汚れは
ネバネバしていてなかなか離れません
強引に離さないと大切なあなたの人生が台無し
引き離す方法は唯一「掃除」です
あなたを救えるのは、あなたの手で家を掃除することなのです

松居流

お掃除極意【その4】

換気は幸せの第一歩

あなたは窓を開けていますか
掃除ができない人は窓を開けることもしないはずです
窓の存在すら忘れている人はいませんか
さあ、勇気を出してバーッと窓を開けてみましょう
ネバネバどんよりとしていた重い空気が
少しずつ軽い空気に入れ替わります
変化は間違いなくあなたの体でわかるはずです
あなたの家に居座っている悪い気を押し出す方法のひとつは換気です
ドンドン空気が入れ替わると
家とあなたの心が生まれ変わります
早朝の空気があなたに
すばらしいエネルギーを与えてくれます

松居流

お掃除極意【その5】

大風呂敷は失敗の素

芽生えた「掃除する気持ち」を潰してはいけません
人生何事も計画です
掃除に大切なことも段取り
無計画に広い範囲の掃除を始めて失敗したことはありませんか
成し遂げるためには
短い時間で掃除できる範囲を決めること
引き出しひとつ、棚一段
小さな場所でも整理され掃除されると
あなたはその場所を愛しくなります
用事もないのにその場所に行きたくなります
あなたの愛とエネルギーに満ちた場所が増えると家はオーラを放ち出すのです
あせらずコツコツいきましょう
家全体をめざして、第一歩のはじまりです

心が落ちついてくる

絡まっていた心が
整理されてくる

プランニングの訓練

段取りがうまくなる
時間を有効に使える

地球にもやさしくなる

家族や自分のために
強い洗剤を使わない

いらない物を買わなくなる

物を大切に使う
精神が養われる

体力・体型を維持できる

掃除はすばらしい
エクササイズ

掃除

心が向上し
判断力がつく

人生プラン
マネープランが
上手になる

エコロジーの
達人になる

浪費を防ぎ
貯蓄ができる

アンチエイジング
効果

HAPPY

人生の勝利者になれる

再婚

一度結婚に失敗した私ですが、すばらしい結婚は必ず存在する
苦い経験をバネにたとえ子連れであっても「絶対再婚するぞ！」
と私は固く心に誓っていました

誓いから十年の月日が流れ、紆余曲折の末
とうとう私はウエディング・ベルを鳴らしたのです
それは今から六年前、私が四十四歳のときでした
相手は皆さんもご存じの船越英一郎

ところが今だからお話しできますが、この結婚
嵐のような反対に吹き飛ばされそうになりました
そりゃ当然です　新婦の私は年上・バツイチ・子連れの三重苦
その上船越家と松居家、環境が大違い
うちのとうちゃんはブイブイいわせた競艇選手

3号艇がとうちゃん（当時64歳）

しかし、船越は「反対」の前に仁王立ちになり、私と息子を守り抜いてくれたのです
その夫の命がけの姿に私は決意しました
火山が噴火するごとくに私は燃えたのです

「夫の運気を何が何でも引き上げていい仕事をしてもらうぞ！　そして良い家庭を築くぞ」

さあ、難題を突破しなければなりません　どうするか……
それには幼いころから私の骨身に染み込んでいる「掃除力」
これをフル活用すればいいことを私は知っていました
私のとうちゃんは四十二年間、勝負師
「一代、勝負に勝つには掃除や！
家が散らかっていたら勝負は勝てん」
両親は私に掃除力を叩き込んで育ててあげたのです

2006年
ベストカップル賞受賞

私はパワーと念力を込めて、ひと拭き、ひと掃き
家を磨き上げていきました
その結果、船越と結婚して丸一年、夫はついに初主演サスペンス・ドラマ「火災調査官・紅蓮次郎」のお話を頂戴したのです　そして皆さんの温かいご声援、主人の血のにじむような努力が実り、とうとう「サスペンスの帝王」の称号まで頂戴しました
さらに昨年二〇〇六年、結婚して六年目
ベストカップル賞まで私達夫婦は頂戴したのです
夢のような出来事に感謝、感謝です！
こうして私は人生のなかで何度も「掃除力」の威力を見せつけられました

奇跡のような「運気」を呼び込んだのは
紛れもなく「掃除力」なのです

「2時間ドラマの帝王」船越英一郎

デビュー20年、出演300本以上…

初主演はやっぱり2時間ドラマ

1・25テレ朝「火災調査官…」

民放の2時間ドラマに300本以上出演し"2時間ドラマの帝王"の異名もある俳優の船越英一郎(42)が、デビュー20周年で、初めてドラマに主演することが1日分かった。作品はやっぱり2時間ドラマで、来年1月25日に放送される「土曜ワイド劇場／火災調査官・紅蓮次郎」(テレビ朝日)。船越は「主演はうれしいものです」と喜色満面だ。

"燃える"日本初の火災調査官役

「正直さびしかった」

「火災調査官・紅蓮次郎」で念願の初主演を果たした船越（中央）と河相我聞、純名りさ

2002年 サスペンス・ドラマ初主演決定！

幸せになれるか、なれないか　掃除力なくして語れません
掃除力を味方につけたほうが、楽に幸せを呼び込めます
なにも難しいことはありません
「もっと幸せになりたい　家族を災難から守りたい」
と願うなら、理屈は抜きにお掃除しましょうよ

2001年 ついに結婚

私の最強パートナーマツイ棒！

たくさんの方に愛用していただいているマツイ棒
生みの親としてこんなにうれしいことはありません
最強・最高のお掃除グッズを
これからもご活用くださいね

マツイ棒の魅力

- リサイクル（古着の再利用）
- エコロジー（洗剤いらず）
- 手が汚れない
- 手の届かないところでもOK
- 輪ゴムがホコリをキャッチ！

掃除道具を上手に使って
置き場所を考えれば
家事の時間もぐっと短縮できます

マツイ棒の作り方

すべてのものがあなたのお家にありますよ

用意するもの　菜箸　使い古しの布　輪ゴム

割箸・竹串・つまようじなど
さまざまな大きさで作ることができます

❶

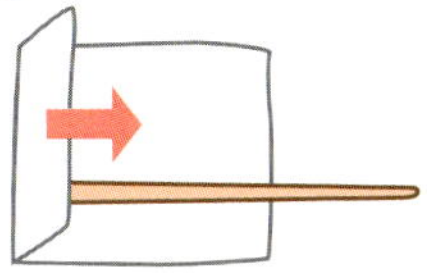

図のように菜箸を布の上に置きます
菜箸は手で持つほう(太い柄の部分)に
布をかぶせましょう お箸の先端にかぶせると
布が抜けやすくなります

❷

布をきつく引っ張りながら巻きつけます

❸

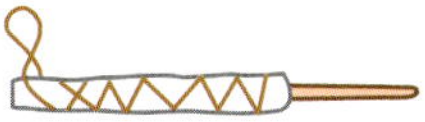

巻き上がったら輪ゴムで布を固定します
６～８個くらいを布にまんべんなく
かけるようにするのがコツ

使い方

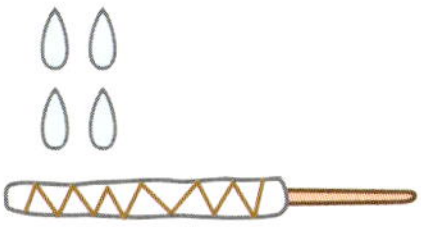

● いろいろ拭いて、汚れたら布だけ処分
柄の部分は何度でも使えます

● 水かお湯で少し湿らせて
使います

マツイ棒の種類

コマツ棒（つまようじ）

〈用途〉

- 表札
- スイッチカバー
- ドアホン
- テレビのリモコン
- 電話機
- ガスレンジの縁

竹串

〈用途〉

- 換気扇
- 照明
- 洗濯機
- 窓の四隅
- 便器と床の境目
- 温水洗浄便座の送風口

割箸

〈用途〉

- 換気扇
- エアコン
- 照明
- 洗濯機
- カーテンレール
- 便器

菜箸

〈用途〉

- 台所の排水口
- ベランダの排水口
- 浴室の排水口
- ドアの凹凸部分
- ドアのちょうつがい
- 照明
- 洗濯機
- 冷蔵庫の下

マツイ棒誕生秘話

「再婚するぞ！」と燃えていた私　良縁には掃除が必然
当然抜かりはありませんでした　ところが男手がないこと
が唯一の弱点　大きな家具を動かせない　とくに冷蔵庫
「なんとか冷蔵庫の下のホコリを取りたい！」
これは再婚に匹敵するくらいの私の願望でした
「そうだ菜箸を使ってみよう……」
と思いついたのが始まり
最初はキッチンペーパーを巻きつけてみたものの
セロテープで留めてしまったので失敗
「輪ゴムだ！」と思いつき、巻きつけてみたものの
キッチンペーパーがすっぽりと抜けてしまって失敗
今度は「布だ！」と思いつき、輪ゴムで巻きつけてみたと
ころ、これが面白いほどホコリが取れるじゃないですか
喉につかえていた魚の骨がすっぽり取れた感じ！
まさにマツイ棒は母子家庭が生んでくれたスグレモノなの
です　人生無駄はありませんね

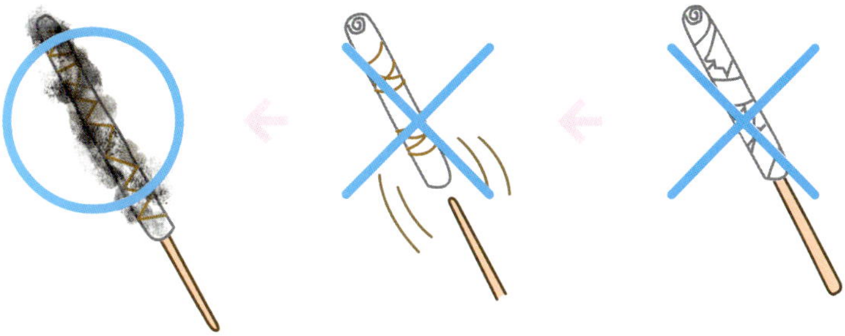

松居流

そうじ機の使い方

違う方向からかける

同じ方向ばかりではいけません
毛が寝てしまい、ゴミやホコリ
ダニが吸い取れません
違う方向でかける習慣を

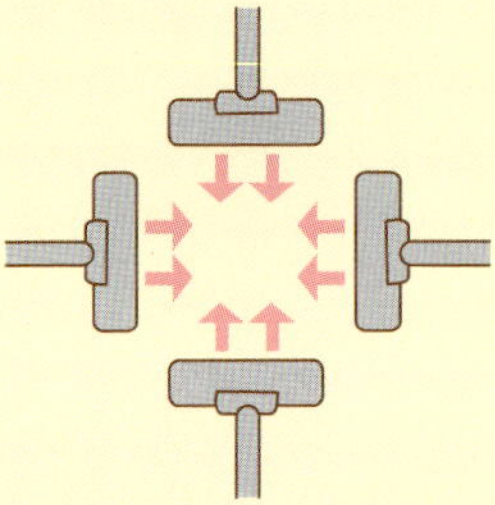

ゆっくりが大事

掃除機がきちんとホコリを吸い上げるように、ゆっくりかけましょう

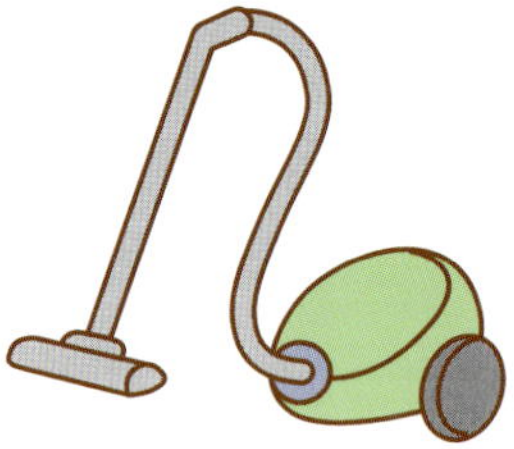

定期的に天井にもかける

天井は思いのほか汚れています
重労働ですが
かける場所を決めてかけましょう

ノズルを洗う

ノズルは汚れます
ゴミを取ったり洗う習慣をつけましょう

エクササイズにもなる

背筋を伸ばして腕を前後に動かせば立派なエクササイズ　家も体もきれいになって、まさに一石二鳥

松居流

雑巾の使い方

正しいたたみ方

雑巾は手のひらより少し大きめにたたんで使います
汚れてきたら新しい面にたたみ直します
ぐちゃぐちゃにつかんで拭かないように

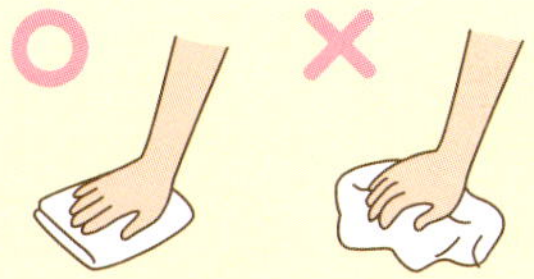

きれいな雑巾が絶対条件

いくら拭いても雑巾が汚れていたら家がかわいそう
雑巾の汚れがひどいときは重曹水につけ置き洗い

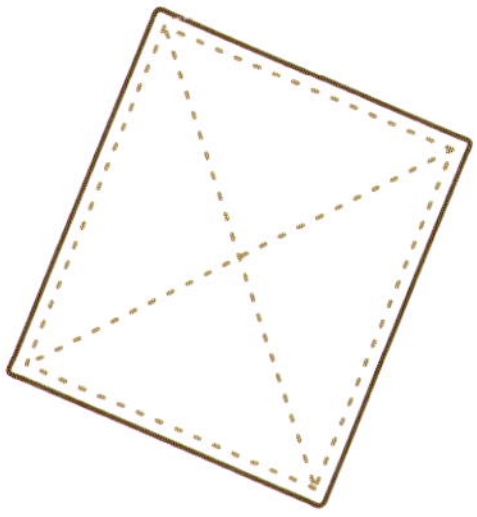

白い雑巾でやる気を起こす

「こんなに汚れが取れた!」
達成感と気力が芽生えます

色んな大きさの雑巾を用意する

拭く場所によって雑巾の大きさを使い分けましょう

エクササイズにもなる

膝をつかず、しゃがんだ状態で左右に大きく動かして拭き進みましょう
エクササイズ効果大

すぐに取り出せる準備を

思いついたらすぐ掃除ができるようにストックしておくと便利です

松居流 重曹も最強

今あなたが使っている洗剤でもOKですよ
でもいくつもの洗剤はいりません
場所をとるし不経済
必要な物だけに限定しましょう
私は重曹がお気に入りです

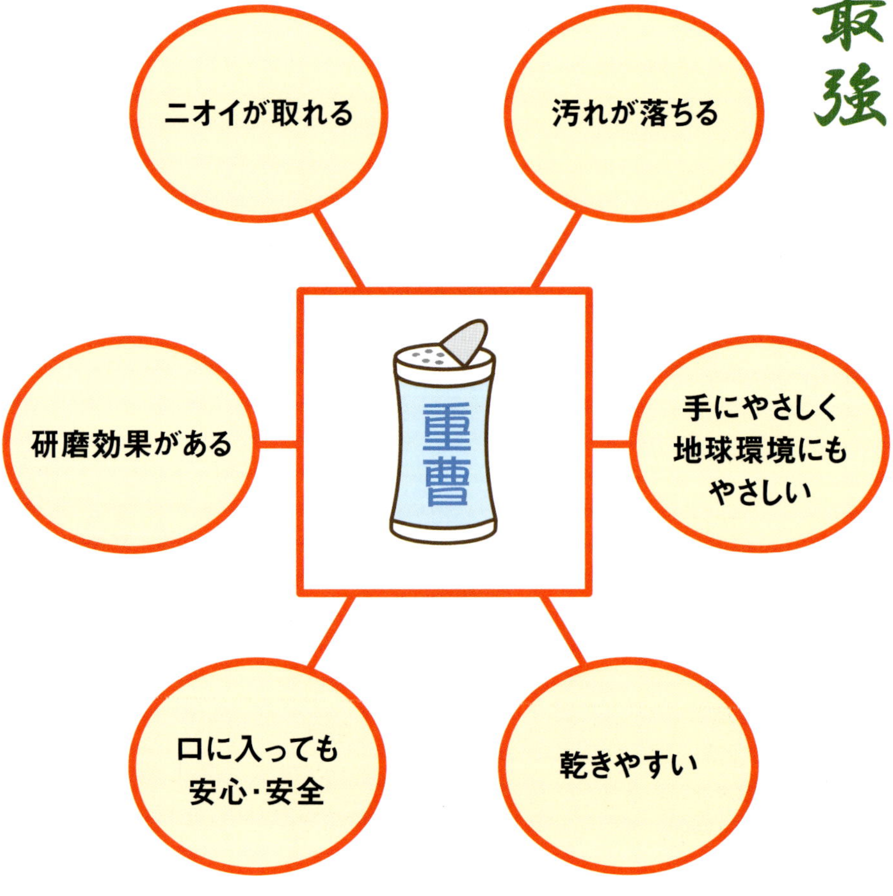

ニオイが取れる
汚れが落ちる
重曹
研磨効果がある
手にやさしく地球環境にもやさしい
口に入っても安心・安全
乾きやすい

重曹水につけ置き

エアコンのフィルターや換気扇、バスグッズ、食器にいたるまでつけておくだけでピカピカになり、乾きも早い

重曹水スプレー

ドアや照明、窓、床など、いろんな場所に使える
本書では重曹水のスプレーを雑巾に吹きつけているが汚れた場所に直接スプレーしてもOK

重曹パウダー

玄関のたたきや台所のシンクなどは、重曹パウダーを振りかけてブラシやスポンジで洗う　ソフトな研磨作用で汚れもスッキリ

重曹パック

トイレタンクの水受けなど汚れのひどい場所には、重曹水のコットンパック
しばらくおくと驚くほどきれいになる

重曹水の作り方

200ccのぬるま湯に小さじ1杯程度を溶かして作る
汚れのひどいときは熱めのお湯を使うと効果アップ！

どこで買えるの？

重曹は、薬局、ドラッグストア、ホームセンターなどで購入できる

松居流

お酢も最高

お料理だけじゃありません
お酢は家事の万能選手でもあります

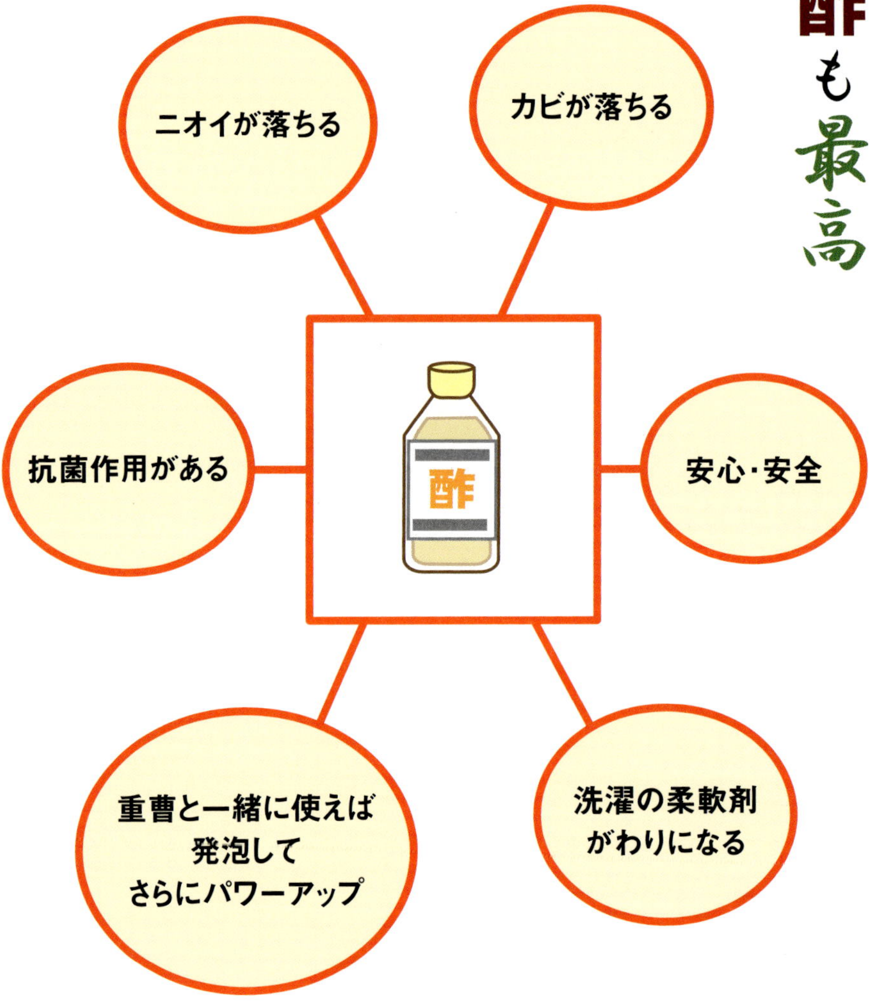

Part 2

実践！開運掃除術

私が実践しているお掃除術すべて
大公開!!
「汚れ」を描いてみました

「見慣れた目」はキケン
「Kazuyoの目」になって
チェックしてください
チェックシート

Entrance

玄関

幸せの鍵は玄関が握っています
幸せになれるか…　不幸になるか…
それは玄関で決まります
人が玄関から出入りするように
幸せも不幸も玄関から入ってきます
玄関が泣いているのに
幸せになろうなんて
人生そんなに甘くはありませんよ

チェックシート

	チェック内容	○	△	×
下駄箱・靴	下駄箱の湿気対策はしていますか			
	下駄箱が汚れていませんか			
	汚れた靴をそのままにしていませんか			
たたき	たたきがゴミやホコリで汚れていませんか			
	段ボールやいらない荷物を置いていませんか			
	ペットのトイレを置いていませんか			
	靴を出しっぱなしにしていませんか			
	傘立てに傘がいっぱい刺さったままではありませんか			
	ゴルフバッグを置いたままにしていませんか			
花・鏡・クロス	花が枯れていませんか			
	花瓶の水が濁っていませんか			
	鏡が汚れていたり曇っていませんか			
	クロスが汚れていませんか			
玄関マット	マットが汚れていませんか			
	マットを置いていますか			
	マットがわりにタオルなどを敷いていませんか			
	安っぽいマットを置いていませんか			

○・・・ピカピカ
△・・・ちょっと汚れているかな…
×・・・きゃー…ドロドロ

Kazuyoの目になって
チェックしてください

玄関まわり

	チェック内容	○	△	×
表札	表札が汚れていませんか			
	表札が腐ったりカケたりしていませんか			
	仮のもので代用していませんか			
	文字が消えていませんか			
	表札を出していますか			
	表札がずれていませんか			
外灯・植木・ポーチ	照明が切れたり切れかかっていませんか			
	照明のカサが汚れていませんか			
	植木の葉が汚れていませんか			
	植木鉢が汚れたりカケていませんか			
	ポーチが汚れていませんか			
	ポーチの隅にゴミやホコリがたまっていませんか			
ポスト・ドアホン	ポストが壊れたり汚れていませんか			
	郵便物が放置されていませんか			
	ドアホンが汚れていませんか			
	ボタン部分が手アカでベタベタしていませんか			
ドア・ドアノブ	ドアの上にホコリがたまっていませんか			
	ちょうつがいにホコリがたまっていませんか			
	ドアノブが手アカでベトベトしていませんか			
	ドア面が汚れていませんか			
	ドアの凹凸にホコリがたまっていませんか			

表札

表札はあなたの家の顔です
幸せの鍵を握る大事なアイテム
白いきれいな雑巾で愛を込めて拭きましょう

表札の汚れ

自分の顔が汚れているのと同じです

1. かたく絞ったきれいな雑巾で水拭きする
2. 凹凸や溝の汚れはコマツ棒や綿棒で拭く

こんな状態ではありませんか

文字が消えている

仮のまま

腐っている

表札がずれている

表札がない

カケている

ポーチは幸せの通り道
幸せは汚れと暗さが大嫌い
電気は太陽 切れていると幸せも来ませんよ

外灯・植木・ポーチ

照明が切れている

幸せの道案内ができません

1. 切れた電球は取り替える
2. 外灯全体はかたく絞った雑巾で水拭きする

激汚 壁から外して洗う

植木の葉の汚れ

枯れた葉っぱに幸せは来ない

1. 枯れている葉は間引きする
2. かたく絞った雑巾で葉の裏表を水拭きする

植木鉢の汚れやカケ

カケたものは最悪 とにかく最悪なんです

1. カケている鉢は取り替える
2. 水洗いをする

ポーチの汚れ ゴミやホコリがいっぱい

汚い玄関は 幸せをシャットアウト

1. ほうきで掃く

わが家の場合

ポーチは定期的にデッキブラシで洗っています タイルの目地もブラシで洗うときれいになりますよ! 最後にドアに飛び散った水滴は雑巾で拭き取りましょう 外壁も汚れていたらついでにブラシで水洗い

汚れたポストでは良い知らせがもらえません
ドアホンが汚れていると素敵な来客もありません
外気にさらされているのでマメなお掃除を

ポスト・ドアホン

ポストの汚れ

外気でかなり汚れています

1. かたく絞った雑巾で水拭きする
2. 細かい部分はコマツ棒や綿棒で拭く

郵便物を放置したまま

いい知らせが来ないどころか危険・デンジャラス

1. 毎日ちゃんと取り出していつもスッキリ

ドアホンのホコリや汚れ

外気と指の脂でかなり汚れています

1. かたく絞った雑巾で水拭きする
2. 細かい部分はコマツ棒や綿棒で拭く

激汚 重曹水を吹きつけた雑巾で拭く

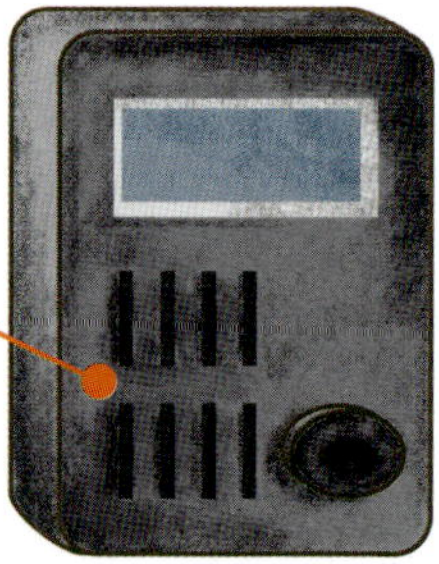

ドア・ドアノブ

家族が出入りするドアは汚れています
幸せを呼び込むには一にも二にも掃除
必ず湿気のない晴天の日を選ぶのがコツ

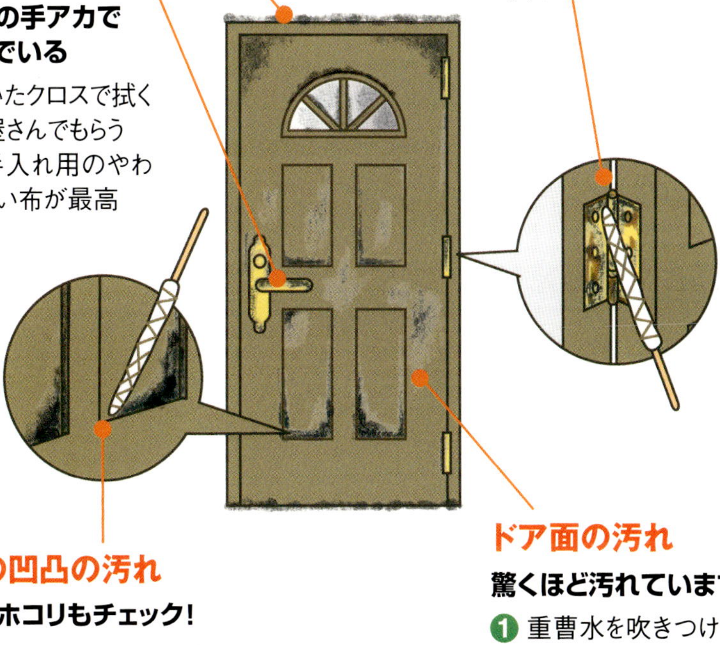

ドアの上の汚れ

ホコリが山積みです

❶ かたく絞った雑巾で水拭きする

激汚 ホコリが舞うので掃除機をかけてから水拭きする

ちょうつがいの汚れ

ちょうつがいはホコリの住みか

❶ マツイ棒でなぞるように拭く

ドアノブの汚れ

みんなの手アカでくすんでいる

❶ 乾いたクロスで拭く
靴屋さんでもらうお手入れ用のやわらかい布が最高

ドア面の汚れ

驚くほど汚れています

❶ 重曹水を吹きつけた雑巾で拭く

ドアの凹凸の汚れ

四隅のホコリもチェック!

❶ マツイ棒でなぞるように拭く

2年履かない靴は思いきってごくろうさま
くたびれた靴はあなたを幸せな場所に
導いてくれるパワーがありません

下駄箱の中の湿気

幸せは汚れと湿気が大嫌い

1. 炭や乾燥剤、紙を敷いて湿気対策

下駄箱の汚れ

靴のパワーもダウン

1. 外側はかたく絞った雑巾で水拭きする
2. 中の汚れは捨ててもよいボロ雑巾で水拭きする
3. よく乾燥させてから靴を戻す

汚れた靴がそのまま

幸せは汚れた靴も大嫌い

1. ブラシなどで汚れを払い、すみやかに下駄箱にしまう
2. ダークカラーの革靴などを下段に明るい色のサンダルなどを上段に納めると風水的に吉

わが家の場合

湿気防止に紙を敷くなら洋服屋さんでもらう白い薄紙が最高！ 新聞紙は湿ってくるとインクがにじみますから

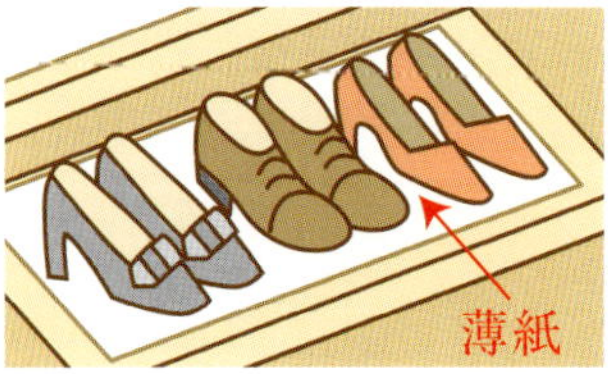

たたき

たたきの汚れは恐るべし
あまりの汚れに雑巾をすすぐ時間がもったいない
使い捨てのウエットティッシュがおすすめ

たたきの汚れ

**ここがきれいだとあなたは
お掃除名人!**

1. 小ほうきで掃く
2. ウエットティッシュで拭く

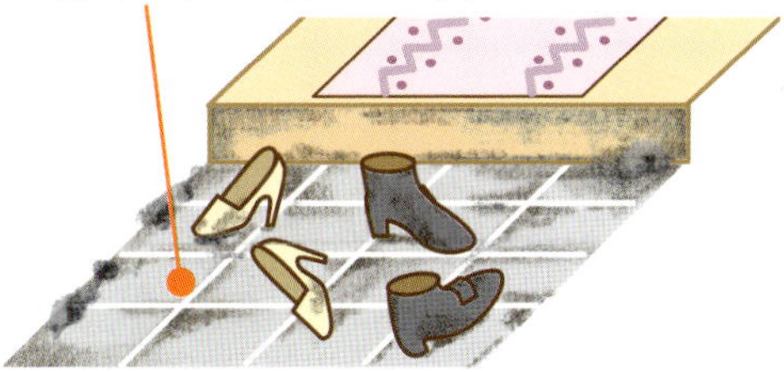

わが家の場合

月に1度は念入り掃除
たたきに直接重曹を撒き、少し湿らせたブラシで洗ったあと雑巾で拭き取ります　水拭きだけではとれない汚れもピカピカ

こんな状態ではありませんか

不用品を置きっぱなし

ペットのトイレを置く

傘や靴でゴチャゴチャ

花・鏡・クロス

お花には幸せを呼び込むパワーがあります
玄関には1輪でも飾る習慣を
ただし花瓶の水の汚れや枯れたお花は逆効果

お花の枯れ・水の汚れ

枯れたお花はマイナスパワー

1. 枯れたお花は今すぐ処分
2. 花瓶の水を毎日ちゃんと取り替えればお花も長持ち

鏡の汚れ

お顔も心も曇って見えます

1. 重曹水を吹きつけた雑巾で拭く
2. めんどうならティッシュペーパーで拭くだけでもきれいになる

クロスの汚れ

悪い運気を呼びそうです

1. 定期的に洗濯する

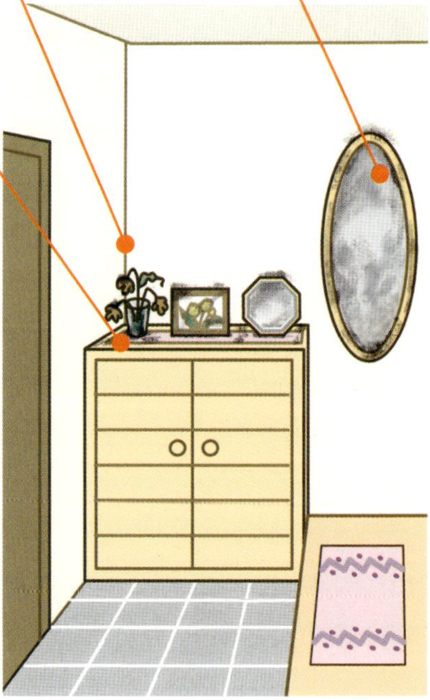

わが家の場合

玄関はお店のディスプレイをするように楽しんでいます

玄関マットは運気の関所
悪い気をはねのけ幸せを招く大切なアイテム
少し頑張ってクオリティの良いものを選びましょう

マットの汚れ

悪い運気をはねつけるパワーがダウン

1. 掃除機をかける
2. 汚れてきたら洗濯する

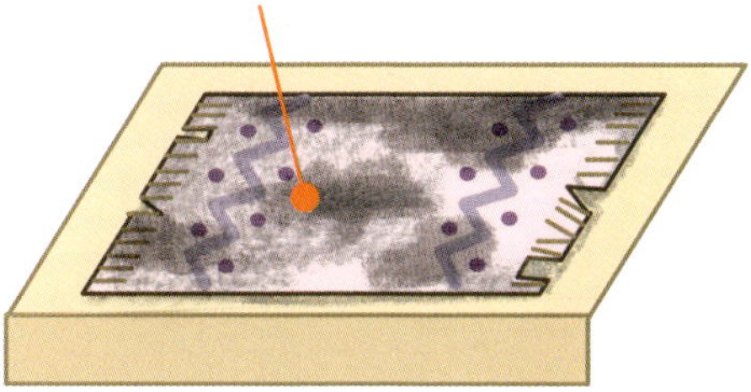

こんな状態ではありませんか

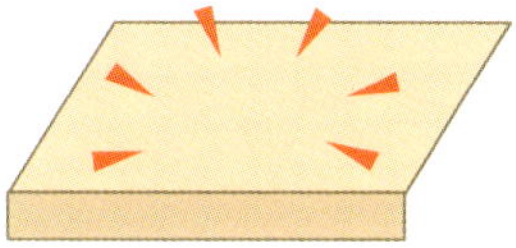

マットがない！

タオルで代用…

品物が安っぽい

わが家の場合

わが家のラッキーカラーはグリーン　理想のマットを見つけたときはシビレました　清水の舞台から飛び降りた気持ちで２年前に購入

Living Room

リビングルーム

リビングには家族を幸せにする
パワーがないといけません
汚れたリビングではリラックスも
エネルギー補充もできないのです
家族の絆を強めることもできません
お掃除で家族全員の
運気アップをめざしましょう

リビングチェックシート

	チェック内容	○	△	×
天井・照明	天井が汚れていませんか			
	照明が汚れていませんか			
エアコン・窓	エアコンが汚れていませんか			
	窓が汚れていませんか			
カーテン	カーテンやブラインドが汚れていませんか			
カーペット・フローリング	カーペットが汚れていませんか			
	フローリングが汚れていませんか			
	ときどきワックスをかけていますか			
ソファ・スイッチ	ソファやソファカバーが汚れていませんか			
	ソファの下や座面の奥にゴミがたまっていませんか			
	スイッチが汚れていませんか			
テレビ・電話機	テレビが汚れていませんか			
	テレビラックが汚れていませんか			
	リモコンが汚れていませんか			
	電話機が汚れていませんか			
	子機や充電器が汚れていませんか			
装飾品	写真立てや額縁などが汚れていませんか			
	クッションが汚れていませんか			
	小物入れが汚れていませんか			
ベランダ	ベランダの手すりや床が汚れていませんか			
	雨どいに落葉やホコリがたまっていませんか			

○・・・ピカピカ
△・・・ちょっと汚れているかな…
×・・・きゃー…ドロドロ

ホコリは天井にも舞い上がります
掃除機をかける基本は上から下　天井から床
欲張らず「今日はここまで」とプランを立てて

天井・照明

照明の汚れ

照明はまさに太陽のかわり

1. 重曹水を吹きつけた雑巾で拭く
2. 細かいところはマツイ棒で拭く

激汚 外して洗うのが楽

天井の汚れ

天井にも掃除機をかけましょう

1. 床を掃除する前に掃除機をかける

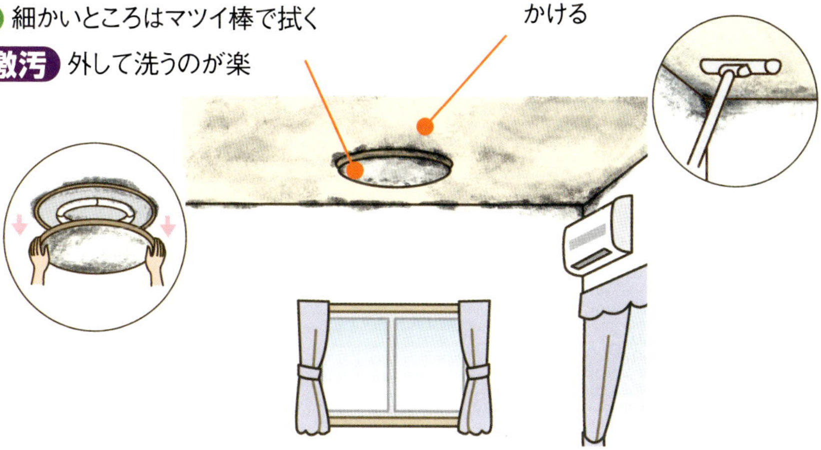

こんな状態ではありませんか

壁紙が汚れている
ホコリがぶら下がっている
コードやカサにホコリが積もっている
虫やゴミが入っている
全体が汚れて暗い

エアコンがきれいだと良く効いて電気代節約
きれいな空気も吸えて体も喜ぶ
エアコン掃除　やらなきゃ損損！　簡単簡単！

エアコンの汚れ

汚れた空気を吸って損をしていませんか

1. フィルターを外し、重曹水にしばらくつけておく
2. 外側、内側に掃除機をかける
3. 乾いた雑巾に重曹水を吹きつけて拭く
4. 溝や隅はマツイ棒で拭く
5. つけ置きしていたフィルターをスポンジと歯ブラシで洗う

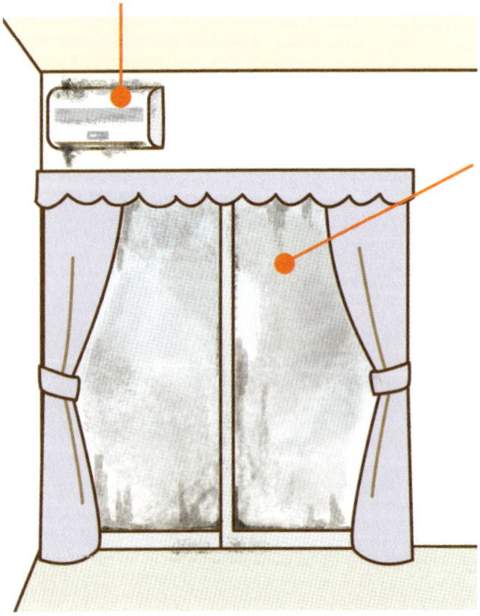

窓の汚れ

窓の汚れは心の汚れ

1. 水を吹きつける
2. スクイージーで上から下へ拭く
3. 溝や隅、鍵はコマツ棒や雑巾で拭く

激汚 重曹水を使う

「悪いものが入ってきませんように」と念じて掃除をすれば
立派な防犯対策　あなたのオーラがバリアになって泥棒も入れない

カーテン

カーテン洗いは段取りさえ良ければいとも簡単
脱水直後にアイロンをかけるのが洗い上手
ドロドロカーテンにさようなら

カーテンの汚れ

気づかぬうちにホコリの宝庫

❶ カーテンを掛けたまま掃除機をかける

激汚 定期的に洗濯する

松居流カーテンの洗い方

❶ カーテンは洗濯機で洗う
その間にカーテンフックとレールの掃除をする

❷ カーテンフックは重曹の入ったぬるま湯にしばらくつけておく

❸ カーテンレールはかたく絞った雑巾で水拭きする
溝はマツイ棒で汚れを取る

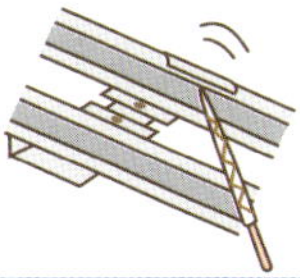

❹ 脱水が終わったカーテンはすぐさま濡れている状態でアイロンをかける

乾いてからのアイロンはシワのばしが大変

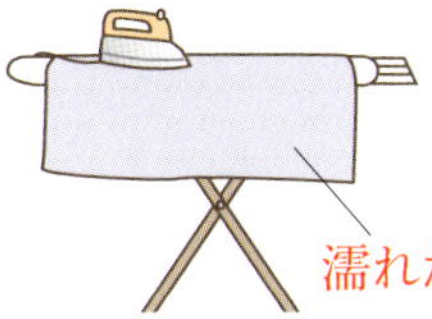

❺ アイロンが終わったカーテンはすぐさま元の場所に取り付ける
シワのばしはこれで万全

カーペットの嫌な汚れやニオイを諦めていませんか
重曹をフル活用でまさにプロ掃除
パッと振りかければ汚れもニオイもシャットアウト

カーペットの汚れ

ダニやホコリの宝庫になっていませんか

❶ ソファやテーブルなどの家具の位置をずらしながら掃除機をかける

激汚 カーペットに重曹を振りかけてしばらく置き、掃除機でよく吸い取る
部分的な汚れは重曹水を吹きつけたきれいな雑巾で叩いて汚れを取る

フローリングの汚れ

何もしなくても床も汚れます

❶ 掃除機をかける
❷ かたく絞った雑巾で水拭きする
❸ 定期的にワックスをかける

定期的に床にワックスがけをしましょう
広範囲を一気にすると重労働
作業する範囲のプランを立てます 汚れがつきにくく床も長持ち

家具の汚れは部屋を暗くします
家族の運気もダウン
家具にも愛情を注ぎ運気を上げましょう

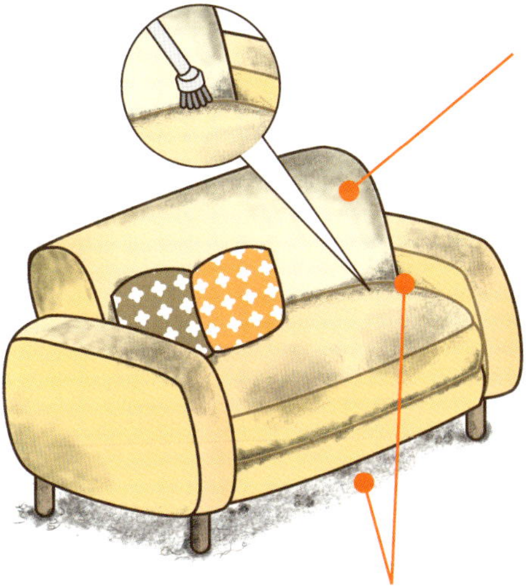

ソファ・ソファカバーの汚れ

汚れとニオイに要注意!

1. 掃除機をかける
2. 布張りソファは定期的にカバーを外して洗濯する
合成皮革のソファは重曹水を吹きつけた雑巾で拭く
革張りのソファは汚れがひどくなる前に皮革専用クリームで汚れを落とす

ソファの下・座面の奥の汚れ

見えない場所もちゃんとチェック!

1. 座面の奥まで掃除機のノズルを差し込んでホコリやゴミを取る
2. ソファの位置をずらしながらソファの下に掃除機をかける

スイッチの汚れ

手アカで汚れています

1. 重曹水を吹きつけた雑巾で拭く
2. スイッチのまわりや隙間はコマツ棒や綿棒で拭く

家電製品は驚くほどホコリを吸いつけています
配線コードやリモコンもホコリの宝庫
マメなお掃除でいつまでも新品

テレビラックの汚れ
リモコンの汚れ

汚れでベタついていませんか

1. 重曹水を吹きつけた雑巾で拭く
2. リモコンのボタンの隙間はコマツ棒で拭く
3. テレビの配線コードは重曹水を吹きつけた雑巾で拭く

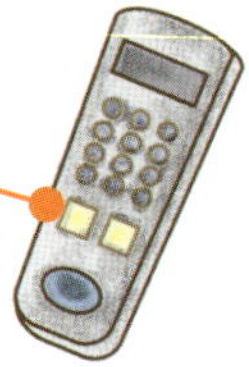

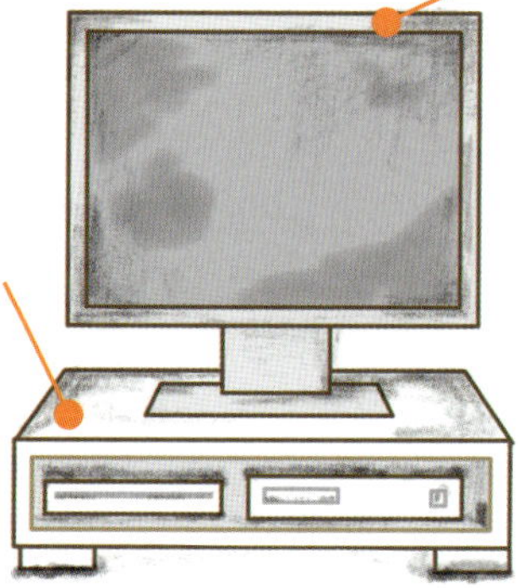

テレビの汚れ

静電気がホコリを呼びます

1. 重曹水を吹きつけた雑巾で拭く
2. 画面は水を少し含ませた雑巾で拭く

電話機の汚れ
子機や充電器の汚れ

手アカ・ホコリで電話も汚れます

1. 重曹水を吹きつけた雑巾で拭く
2. プッシュボタンの隙間はコマツ棒で拭く

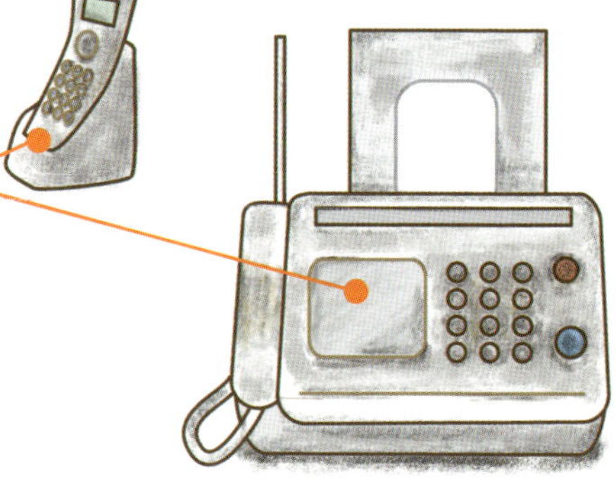

夫も掃除マニア

縁って不思議ですね
巡り合った主人も、な、な、なんと掃除マニア
ストレス解消法は「掃除」なんですよ
犯人を追いかけて疲れてくると
「あぁ、掃除がしたい！」とつぶやいています

「サスペンスの帝王」は
「掃除の帝王」でもあります

手作り品は幸せを運んでくれる大切なアイテム
汚れでパワーダウンしていませんか
愛情を込めたお手入れで家族の運気をアップ

写真立てや額縁の汚れ

せっかくの幸せアイテムも
汚れでパワーはゼロ

1. ガラス面はほんの少し重曹水を吹きつけた雑巾で拭く
2. フレームはかたく絞った雑巾で水拭きする

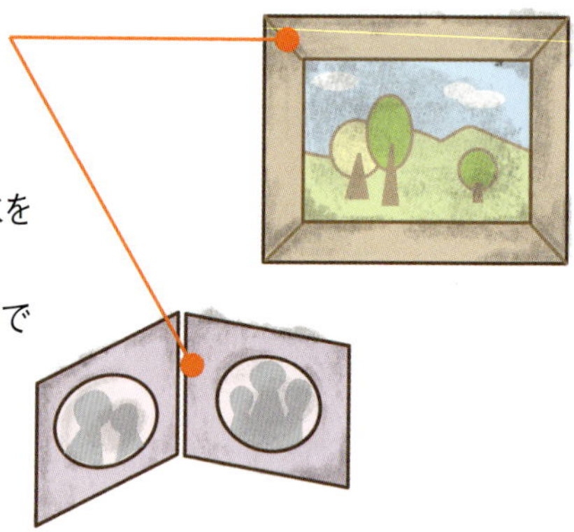

クッションの汚れ

汚れたまま抱いていませんか

1. 定期的に洗濯する

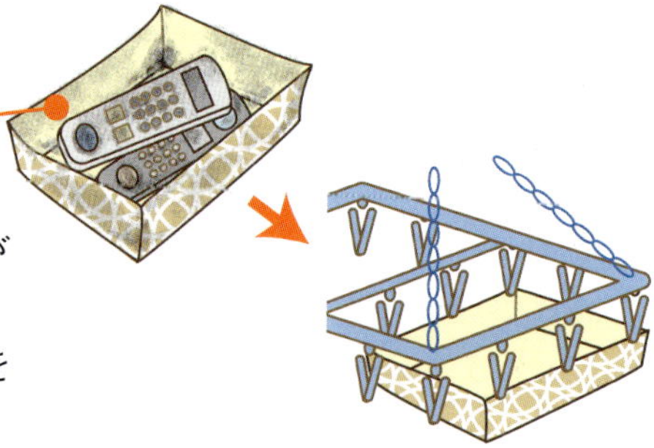

小物入れの汚れ（布製の場合）

置いておくだけで汚れます

1. 重曹水にしばらくつけておき、形が崩れないようにやさしく押し洗い
2. 形を保ちながら洗濯バサミで四隅を留めて干す

ベランダ

ベランダも運気の通り道　おろそかにしてはダメ
外回りは晴れた日を選んで掃除しましょう
きれいになった爽快感は家にエネルギーを与えます

ベランダの手すりの汚れ

掃除の最後に拭くこと

1. かたく絞った雑巾で水拭きする 処分してもいいような古雑巾を使うこと

雨どいの排水口のゴミ ベランダの床の汚れ

落葉やホコリで排水口が詰まっていませんか

1. 排水口に溜まっている落葉やゴミを取り除く
2. スノコやタイルなどを敷いている場合は、それらを外して下も洗う
3. 床に水をかけながらデッキブラシで排水口に向かって洗う　スノコやタイルも洗う
4. 排水口はマツイ棒で最後に掃除する

Bedroom

寝室

寝室は明日へのエネルギーを
補給する大切な場所
散らかっていると
一日の疲れを癒すことも
新たなパワーを生み出すこともできません
大地の生命力を体に吸収できるような
部屋づくりをしましょう

寝室チェックシート

	チェック内容	○	△	×
天井・照明・床	天井が汚れていませんか			
	照明が汚れていませんか			
	ベッドの下の床を掃除していますか			
エアコン・窓・カーテン	エアコンが汚れていませんか			
	窓が汚れていませんか			
	カーテンやブラインドが汚れていませんか			
額縁・家具	額縁が汚れていませんか			
	家具が汚れていませんか			
ベッド・リネン・布団	ベッドマットが汚れていませんか			
	ベッドの本体フレームが汚れていませんか			
	リネン類が汚れていませんか			
	布団が汚れていませんか			
	布団が湿気っていませんか			

○・・・ピカピカ
△・・・ちょっと汚れているかな…
×・・・きゃー…ドロドロ

寝室の環境づくりは
心と体に大きな影響を及ぼします
清潔な寝室で素敵な睡眠 素敵な人生を

天井の汚れ

横になると天井の汚れが気になります

1. 床を掃除する前に、天井にも定期的に掃除機をかける

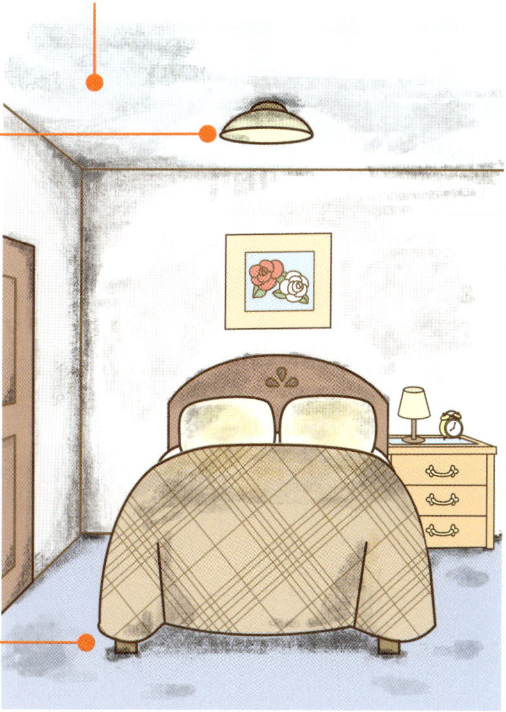

照明の汚れ

同じ照明でも汚れていると明るさは激減

1. 重曹水を吹きつけた雑巾で拭く
2. 細かいところはマツイ棒で拭く

激汚 外して洗うのが楽

床の汚れ

寝室は綿ボコリが立ちやすい床も汚れます

1. 掃除機をかける
2. フローリングの場合はかたく絞った雑巾で水拭きする

寝室は疲れをいやし運気を充電する場所
窓の汚れも落として
空気の入れ換えも忘れずに心がけましょう

エアコンの汚れ

汚い空気を吸って快眠は得られない

1. フィルターを外し、重曹水にしばらくつけておく
2. 外側、内側に掃除機をかける
3. 乾いた雑巾に重曹水を吹きつけて拭く
4. 溝や隅はマツイ棒で拭く
5. つけ置きしていたフィルターをスポンジと歯ブラシで水洗いする

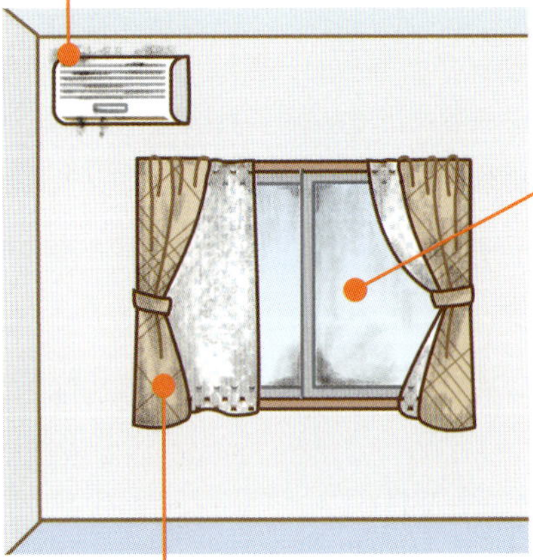

窓の汚れ

いい眠りには
窓拭きも大切

1. 水を吹きつける
2. スクイージーで上から下へ拭く

激汚 重曹水を使う

カーテンの汚れ

カーテンはいい運気、悪い運気のフィルター

1. カーテンにも掃除機をかける
2. 定期的に洗濯する（洗い方は49ページ参照）

寝室はホコリが舞いやすい
せっかくの睡眠もホコリや汚れに邪魔されて
熟睡できず開運から遠ざかります

額縁の汚れ

せっかくの絵も汚れで台無し

1. ガラス面はほんの少し重曹水を吹きつけた雑巾で拭く
2. フレームはかたく絞った雑巾で水拭きする

家具の汚れ

ベッドのそばはホコリが立ちやすい

1. 家具の下も定期的に掃除機をかける
2. 雑巾をほんのちょっぴり湿らせて拭く
3. 取っ手はやわらかい乾いた布で拭く

人生1/4は眠っています
明るい未来をゲットするには良い睡眠が絶対条件
深く眠らないと体のエネルギーがなくなります

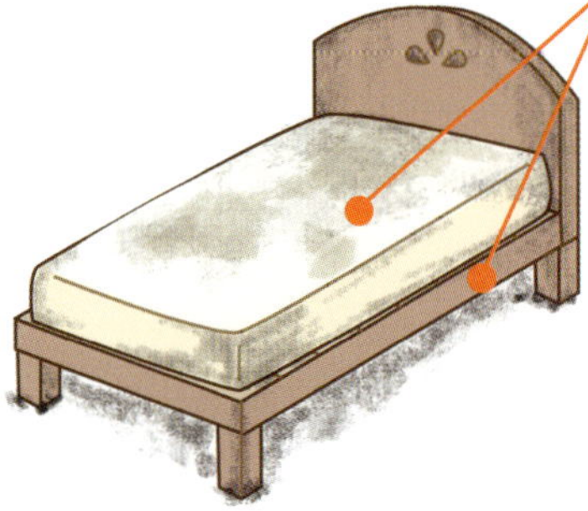

ベッドの汚れ

ベッドが汚れていると
体もホコリに埋まりそう

1. 定期的にベッドの位置をずらしベッドの下にも掃除機をかける
2. ベッドマットにも掃除機をかける
3. 木製のベッドヘッドやフレームはかたく絞った雑巾で水拭きする

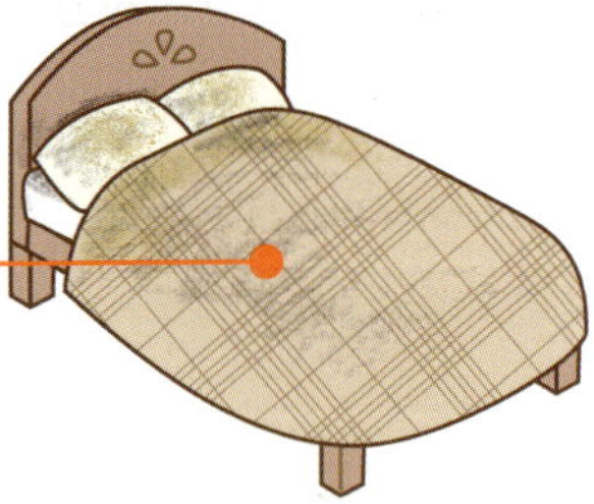

リネン・布団の汚れ

ベッドリネンが汚れていたり
湿気があると運気はダウン

1. 掛け布団、敷き布団に掃除機をかける
2. 布団がダニの温床にならないよう、定期的に天日干しや乾燥機で湿気を取る
3. 干すときに黒い布を布団に掛けると中の温度が上がりダニ退治に一層効果がある

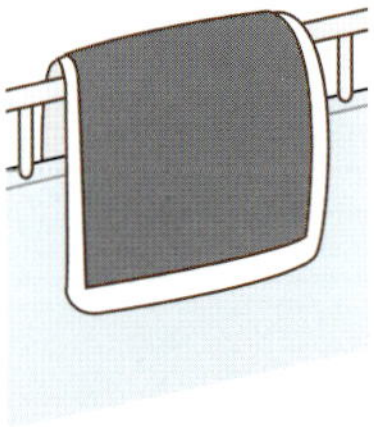

4. 干したあとは必ず掃除機をかける

わが家の場合

人間は寝ているときに大量の汗をかいています
わが家では毎日布団乾燥機を使って湿気対策
ベッドリネンの洗濯は週に2回曜日を決めています

布団洗いに挑戦してみましょう

大変な作業ですが、フカフカで本当に気持ちよく仕上がります

❶ 浴槽に1／4から1／3のぬるま湯を張り泡の立たないタイプの洗剤を入れる

❷ 布団をその中に浸し足で2～3分軽く踏んだあと30分～1時間つけ置きする

❸ 足で30分くらい踏んで洗う
お湯がにごってきたら布団を取り出してお湯を抜く

❹ 洗い場でシャワーをかけながらすすぐ

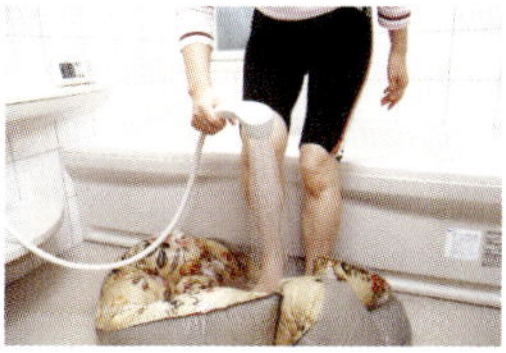

❺ 浴槽にぬるま湯を張り布団を入れて足で踏んですすぐ

❻ すすいだお湯がきれいになるまで何度かこれを繰り返す

❼ すすぎ終わった布団を洗い場で絞り水分を出す

❽ 洗い終えた布団は重たいので浴室にハンガーラックを持ち込んで干すのがベスト
ベランダに干すときは水滴が落ちないように気をつけて 乾く目安はほぼ１日

Japanese-style Room

和室

世界に誇れる和室
私達の祖先は
たたみ・床の間・ふすまを大切にして
日本の文化を築き上げてきました
その日本人の魂と誇りを引き継いで
和文化を愛し
凛とした部屋づくりをしましょう

和室チェックシート

	チェック内容	○	△	×
たたみ	たたみが汚れていませんか			
障子・ふすま・押入れ	ふすまや障子が破れていませんか			
	障子のサンにホコリがたまっていませんか			
	ふすまや障子の敷居にホコリがたまっていませんか			
	押入れに不要なものを入れていませんか			
	押入れが湿気っていませんか			

○・・・ピカピカ
△・・・ちょっと汚れているかな…
×・・・きゃー…ドロドロ

たたみ

たたみはダニの住みか
掃除機をしっかりかけて拭き掃除をすることが大事
換気も忘れずに

たたみの汚れ

ペタペタたたみとはサヨナラ

1. たたみの目に沿って掃除機をかける
2. かたく絞った雑巾で水拭きする

**かたく絞った雑巾で
たたみを拭いたあと
酢水で拭いておけば
黄ばみ防止になります**

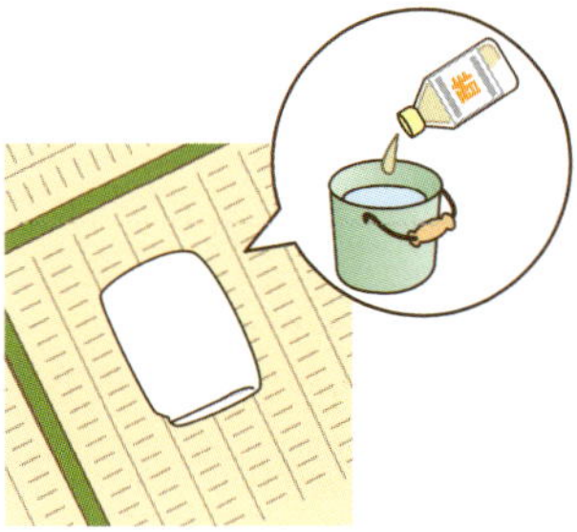

何でもかんでも押し込んでしまう押入れ
ぎゅうぎゅう詰めなのに掃除も忘れがち
湿気対策を万全に快適な押入れを

湿気の少ない風通しの良い日を選んで掃除すること

ふすまや障子が破れている

破れたままはダメ

1. 即張り替える

障子のサンのホコリ

指でなぞれば一目瞭然

1. 軍手や古くなった靴下を手にはめ指でサンを拭き取る

押入れの汚れ

幸せに湿気は大敵!

1. しまっているものを出す
2. 掃除機をかける
3. かたく絞った雑巾で水拭きする
4. よく乾かしてから片づける

わが家の場合

押入れの湿気対策にはスノコを使っています
側面も底も風通しがよくなります

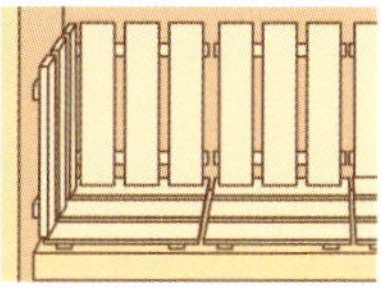

Kitchen

キッチン

キッチンには神様がいる
母からそう聞かされて育った私
キッチンと金運は
深～いつながりもあります
パワーのあるごはんは
運気のある台所から生まれます
健全な心は
健全な食卓から生まれるのです

チェックシート

	チェック内容	○	△	×
レンジ	ガスレンジやIHヒーターが汚れていませんか			
	ガスレンジの五徳などが汚れていませんか			
壁・魚焼きグリル・調味料ラック	レンジ周辺の壁が汚れていませんか			
	調味料ラックやボトルが汚れていませんか			
	魚焼きグリルが汚れていませんか			
	魚焼きグリルの網が汚れていませんか			
換気扇	換気扇が汚れていませんか			
	換気扇のフィルターが汚れていませんか			
	換気扇の中のドラムが汚れていませんか			

○・・・ピカピカ
△・・・ちょっと汚れているかな…
×・・・きゃー…ドロドロ

Kazuyoの目になって
チェックしてください

キッチン

	チェック内容	○	△	×
天井・照明・窓・カフェカーテン	天井が汚れていませんか			
	照明が汚れていませんか			
	スイッチやコンセントが汚れていませんか			
	窓が汚れていませんか			
	カフェカーテンが（ある場合）汚れていませんか			
キャビネット・キッチンマット・床	キャビネットが汚れていませんか			
	キッチンマットが汚れていませんか			
	床が汚れていませんか			
シンク	蛇口やそのまわりが汚れていませんか			
	シャワーノズルが（ある場合）汚れていませんか			
	蛇口の中が汚れていませんか			
	洗剤やスポンジのラックが汚れていませんか			
	洗剤のボトルが汚れていませんか			
	シンクが汚れていませんか			
排水口	排水口のフタやカバーが汚れていませんか			
	ゴミ受けが汚れていませんか			
	排水口の中が汚れていませんか			
台所グッズ	スポンジが汚れていませんか			
	まな板が汚れていませんか			
	洗い桶が汚れていませんか			
	水切りカゴが汚れていませんか			

天井・照明・窓・カフェカーテン

最も汚れる場所なのでマメに掃除しましょう
暮れの大掃除だけでは追いつきません
キッチンは清潔が一番

天井の汚れ

ことのほか汚れています

❶ 月に１度くらいは掃除機をかける

照明の汚れ

**薄暗いキッチンは
マイナス・イメージ**

❶ 重曹水を吹きつけた雑巾で拭く

激汚 外して洗うのが楽

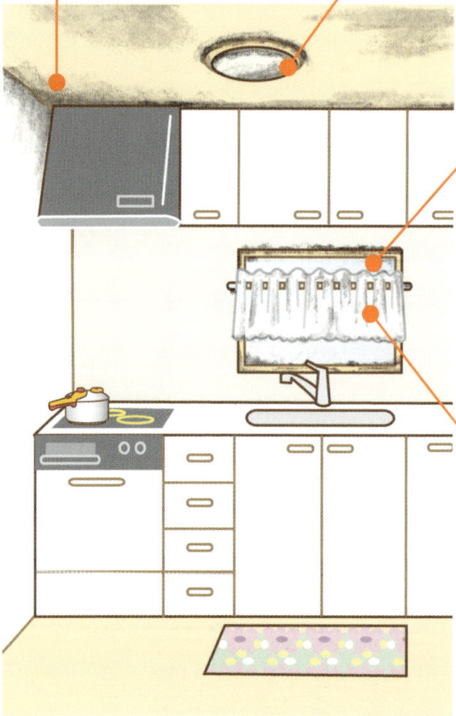

窓の汚れ

油や水滴で汚れやすい窓です

❶ 水を吹きつける

❷ スクイージーで上から下へ拭く

激汚 重曹水を使う

カフェカーテンの汚れ

**カフェカーテンは
幸せアイテムのひとつ**

❶ マメに洗濯する

❷ カーテン用のポールは重曹水を吹きつけた雑巾で拭く

キッチンの汚れは
嫌われ者のゴキブリが大喜び
増やすも減らすもあなたの掃除次第

キャビネットの汚れ

拭いてびっくり 汚れています

❶ 重曹水を吹きつけた雑巾で拭く

床の汚れ

油でベトベトしていませんか

❶ 掃除機をかける

❷ かたく絞った雑巾で水拭きする

激汚 重曹水を吹きつけた雑巾で拭く

キッチンマットの汚れ

**水と火を調和してくれる
幸せアイテム**

❶ 掃除機をかける

❷ 定期的に洗濯する

お皿を洗うときはシンクの中も洗いましょう
お皿を拭くときは蛇口も拭きましょう
この習慣がピカピカに保つヒケツ

ラックの汚れ
洗剤のボトルの汚れ

ボトルやカゴの底は
水アカ、カビの宝庫

1. スポンジと歯ブラシで洗う

激汚 重曹水につけ置き洗いする

蛇口の汚れ

食器を洗うとき
ここも洗います

1. スポンジで洗う
2. シャワーノズルがある場合は歯ブラシで洗う
3. 洗ったあとはかならずタオルで水気を拭き取る

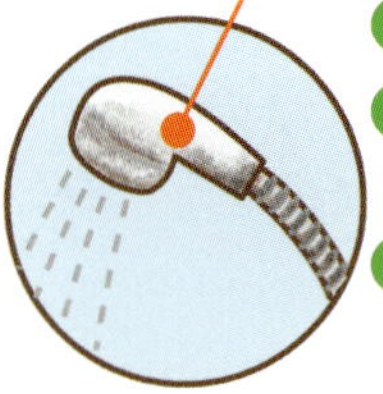

蛇口の中の汚れ

穴の奥まで
汚れています

1. 歯ブラシで洗う

シンクの汚れ

マメなお掃除で新品同様

1. 重曹をつけたスポンジで洗う

激汚 捨ててもよいスポンジに重曹をつけて洗う

蛇口のまわりの汚れ

歯ブラシで
超カンタンにピカピカ

1. 歯ブラシとスポンジで洗う

排水口

ここの汚れが台所の悪臭のもと
1日1度洗っていればいつもピカピカ
ヘドロのような汚れは人生を暗くします

排水口のフタの汚れ
排水口のカバーの汚れ

毎日洗えばヌメリ知らず

1. 重曹をつけたスポンジで洗う
2. 歯ブラシで細かい部分を洗う

激汚 重曹水につけ置き洗いする

ゴミ受けの汚れ

ゴミは嫌なニオイのもと
ためずに即処分!

1. 重曹をつけたスポンジで洗う
2. 歯ブラシで細かい部分を洗う
3. 天気のいい日には外に干して日光消毒

マツイ棒だと
手も汚れない

排水口の中の汚れ

食器洗いのついでに洗っていれば
いつも新品

1. 重曹をつけたスポンジで洗う
2. 手の届きにくい奥はマツイ棒と
   歯ブラシを使って洗う

激汚 捨ててもよいスポンジに重曹をつけて洗う

わが家の場合

わが家は食器も重曹水でつけ置き洗いしています　洗うのも乾くの超簡単　その上重曹水を流すので排水口まできれいです

食器だけ洗って台所グッズは放っていませんか
それではせっかく洗った食器も台無し
台所グッズも洗う習慣をつけましょう

まな板の汚れ

衛生が一番

❶ 台所用洗剤をつけたスポンジで洗う

激汚 お酢と天然塩をまな板に振り上からガーゼをかぶせて1時間ほど置き、洗い流す

スポンジの汚れ

雑菌の住みかにならないように

❶ お湯で洗い汚れを落とす

❷ すすいで水気を切る

激汚 ぬるま湯に少量のお酢と天然塩を加えてつけ置き

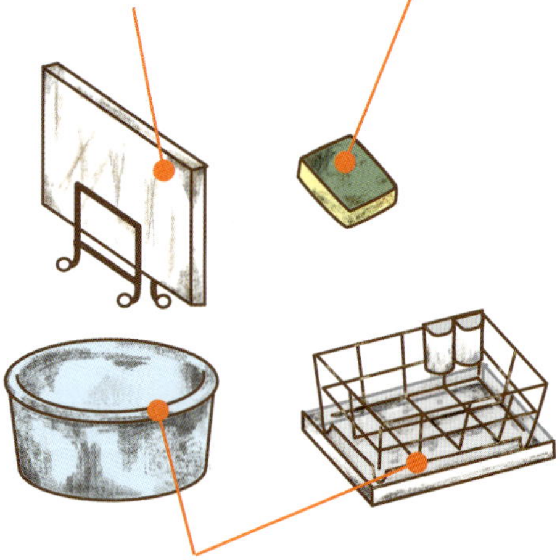

洗い桶の汚れ
水切りカゴの汚れ

ここが汚れていたらフケツ

❶ 台所用洗剤をつけたスポンジで洗う

❷ 細かい部分は歯ブラシで洗う

激汚 重曹水につけ置き洗いする

絶対離せない私の相棒

毎日使い続けて26年
この水切りカゴと洗い桶を買ったのは
私が24歳のときでした
私の人生すべてを見てきた、まさに私の分身です
たとえお財布をなくしても
指輪がなくなろうとも
この子たちは絶対に手放せません

26年間私の大親友です

何度となく買い替えようと思いましたが
この子たち以上のものは生涯探せません

お料理をすればかならず汚れる
油の飛び散り 煮汁の吹きこぼし とにかく汚れる
"使ったら洗う"この習慣があなたを楽にします

レンジ

IHヒーターの汚れ

さっとひと拭きでピカピカ

1. かたく絞った雑巾で水拭きする
2. アルミホイルにペースト状にした重曹をつけて磨く

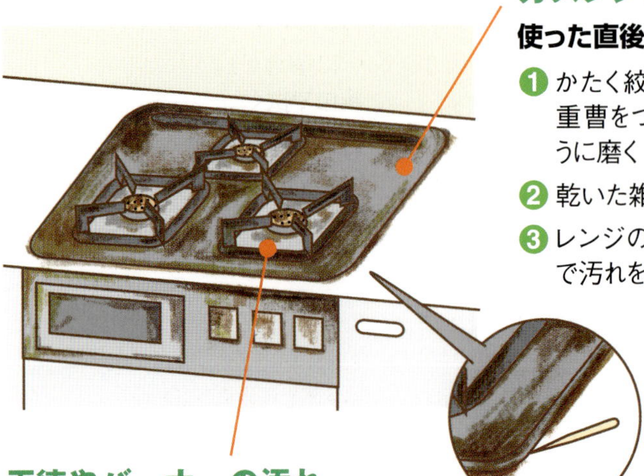

ガスレンジの汚れ

使った直後なら簡単

1. かたく絞ったスポンジに重曹をつけて円を描くように磨く
2. 乾いた雑巾で拭き取る
3. レンジの縁はつまようじで汚れをかき出す

五徳やバーナーの汚れ

油でべっとりになる前にお手入れを

1. 重曹水につけ置き洗いする
2. スポンジ、歯ブラシで汚れを洗い流す

魚を食べたい でも汚れが恐い
焼いたあとすぐに洗えば恐れ知らず
お酢を使えば調理も掃除もカンタン

調味料ラック 調味料ボトルの汚れ

見落としがち、だけど汚れてます

1. かたく絞った雑巾で水拭きする

激汚 調味料ラックは重曹水につけ置き洗いする

レンジ周辺の壁の汚れ

毎日習慣にしましょう

1. 壁に重曹水を吹きつけて雑巾で拭く
2. タイルの目地があったら重曹をつけた歯ブラシでこする

魚焼きグリルの汚れ

悪臭のおおもと

1. 重曹水につけ置き洗いする
2. やわらかめの金タワシで洗う

わが家の場合

お魚を焼く前にグリルの網にお酢を塗っておきます
お魚の身や皮がはがれず
きれいに焼けて掃除も簡単

換気扇

換気扇掃除は重曹水を熱めにするのがポイント
力を入れることも無くガンコな汚れが落ちます
換気扇掃除はこれに限る！

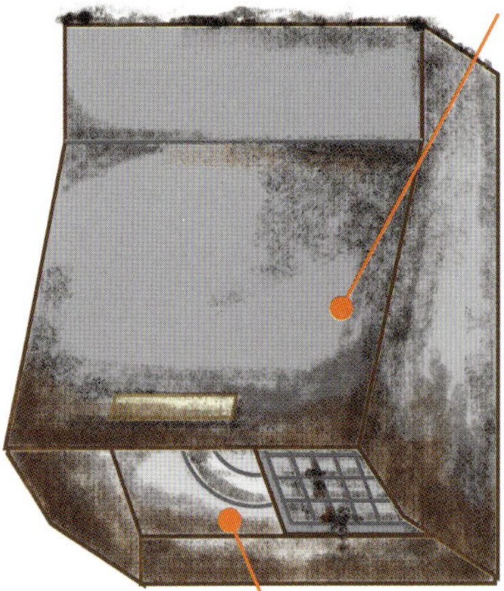

換気扇の汚れ

マメなお掃除でいつもサラサラ

1. フードの表面やスイッチは重曹水を吹きつけた雑巾で拭く

激汚 雑巾で歯が立たなければスポンジを少し重曹水で湿らせてこする

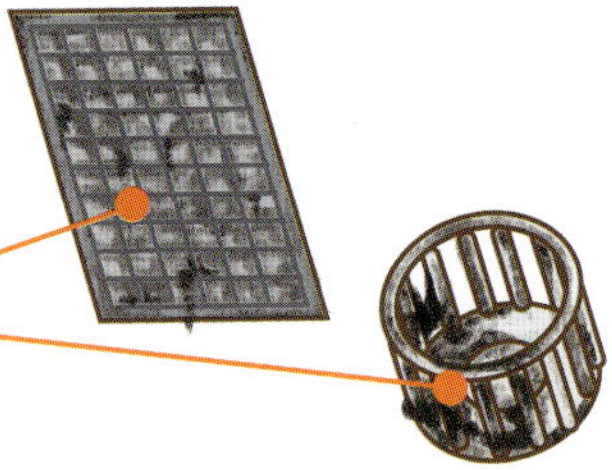

換気扇のフィルターの汚れ
換気扇の中のドラムの汚れ

汚れていると機能を発揮できず

1. 換気扇本体から、カバー、ドラム（羽根）フィルターなどを外す
2. シンクに熱いお湯を張って重曹を入れ①を20〜30分つけ置きする
3. 汚れが浮いたら歯ブラシとスポンジで洗う
4. 水気を拭き取り、本体に取り付ける
5. ドラムのまわりなど取り外せない部分は重曹水で拭く

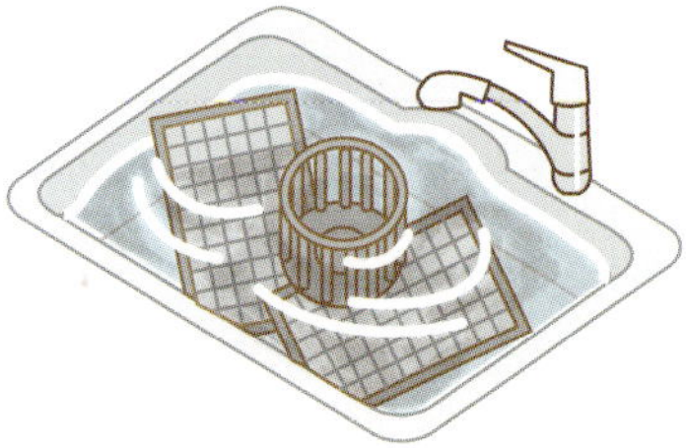

重曹つけ置き楽ちん掃除

汚れはシンクでつけ置き洗いするのが一番
重曹パワーでしつこい汚れも
あっという間に落ちます
一石二鳥シンクまでピカピカ
ぜひみなさん、お試しくださいね！

なるべく熱いお湯を使うのがポイント！

1. シンクの排水口にフタをしてお湯をため大さじ２～３杯の重曹を入れる
2. 30分ほどつけ置きする
3. 歯ブラシやスポンジで洗う

キッチン小物、換気扇・排水口まわりすべていけますよ

一度やったら楽楽掃除　やめられません

Bathroom・Washroom

浴室・洗面所

お風呂は心と体にたまった
一日の汚れを洗い流す場所です
元気のリセットパワーは
ピカピカのお風呂から生まれます
心地よいバスタイムで
あなたも家族も
思いっきり　リフレッシュ！

浴室チェックシート

	チェック内容	○	△	×
天井・換気扇・照明・窓	換気扇が汚れていませんか			
	天井が汚れたりカビが生えたりしていませんか			
	照明が汚れていませんか			
	窓が汚れていませんか			
	ブラインドが（ある場合）汚れていませんか			
浴槽	浴槽の排水栓やチェーンが汚れていませんか			
	浴槽のフタが汚れたりカビが生えたりしていませんか			
	浴槽の排水口のまわりが汚れていませんか			
洗い場・床	蛇口や水栓などが曇っていませんか			
	排水口のまわりが汚れていませんか			
	床や壁が汚れたりカビが生えたりしていませんか			
バスグッズ・シャワー・タオル掛け	シャワーヘッドが汚れていませんか			
	シャワーホースが汚れていませんか			
	椅子や桶などが汚れていませんか			
	バスグッズを置くラックなどが汚れていませんか			
	シャンプーなどのボトルが汚れていませんか			
	タオル掛けが汚れていませんか			

○・・・ピカピカ
△・・・ちょっと汚れているかな…
×・・・きゃー…ドロドロ

風呂場は湿気がいちばんの大敵
湿気と汚れがカビを呼び込みます
あの手この手で湿気対策に励みましょう

天井の汚れやカビ

湿気が残ると天井にもカビ

1. スポンジに浴室用洗剤をつけて洗う
2. シャワーですすぐ

換気扇の汚れ

ホコリで換気扇の働きが悪くなっていませんか

1. マツイ棒でホコリを取る

激汚 カバーを外し、重曹水につけ置き洗いする

照明の汚れ

明るさは幸せを呼び込むアイテム

1. 重曹水を吹きつけた雑巾で拭く

激汚 外して洗うのが楽

窓の汚れ

隅やサンのチェックもお忘れなく

1. 水を吹きつける
2. スクイージーで上から下へ拭く

激汚 重曹水を使う

ブラインドの汚れ

軍手が最高の掃除道具

1. 軍手や古くなった靴下を手にはめ少し湿らせてブラインドの羽根を１枚ずつ指で挟んで拭く

浴槽

家族が間をあけず入浴することが湿気対策
入浴後すぐさま掃除することも湿気対策
換気することも湿気対策

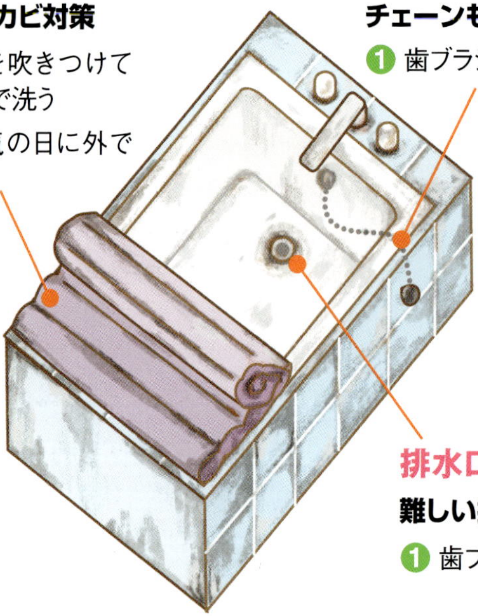

フタの汚れやカビ

日光消毒でカビ対策

1. 重曹水を吹きつけてスポンジで洗う
2. いい天気の日に外で干す

排水栓やチェーンの汚れ

チェーンも汚れています

1. 歯ブラシで洗う

排水口のまわりの汚れ

難しい掃除ではありません

1. 歯ブラシで洗う

わが家の場合

ユニットバスの前面のカバーも外すことができるんですよ
私は半月に1度くらいの割合でカバーを外して掃除しています

ガンコなカビや汚れはコットンパックが最高
手間もかからず簡単に落ちます
パックしながらほかの掃除も同時進行

蛇口や水栓などの曇り

ちょっと磨けばピカピカに!

1. スポンジと歯ブラシで洗う
2. 洗い終わったらタオルで水気を拭き取る
このひと手間で新品同様に保てる

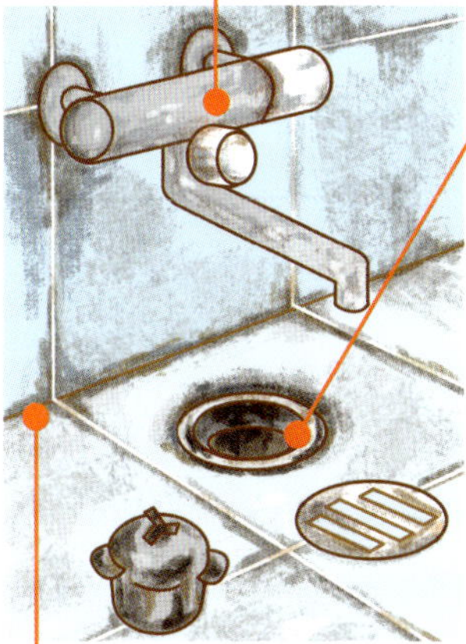

排水口のまわりの汚れ

ヌルヌルになっていませんか

1. フタにたまった髪の毛などをティッシュペーパーで取り除く
2. フタとカバーは歯ブラシで洗う

激汚 重曹水につけ置き洗いする

3. 排水口の中はマツイ棒で洗う

激汚 重曹水にお酢を入れて泡立て勢いよく排水口に流し込む

床・壁の汚れやカビ

手を抜くとカビの住みか

1. 浴室用洗剤を含ませたスポンジで洗う
タイルの目地は歯ブラシでこする

激汚 お酢をつけたコットンでパックをする（1枚のコットンを4～5枚に薄くはがし、お酢を湿らせて汚れた部分に置く） それでも落ちなければお酢を塩素系洗剤に変えると落ちる
必ず浴室が乾いているときに行うこと

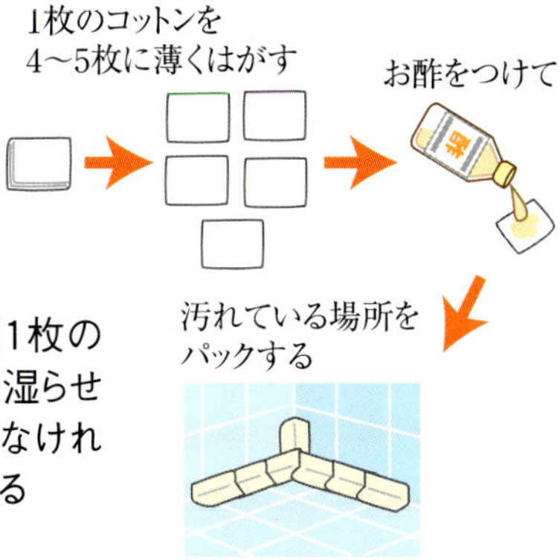
1枚のコットンを
4～5枚に薄くはがす
お酢をつけて
酢
汚れている場所を
パックする

バスグッズ・シャワー・タオル掛け

お風呂グッズは最小限にとどめると
掃除もラクラク簡単
カビと湿気はギュウギュウ詰めが大好き

椅子や桶、グッズの底の汚れ

お掃除に間をあけると
ここもカビの住みか

1. スポンジや歯ブラシに浴室用洗剤をつけて洗う

激汚 重曹を入れた残り湯にしばらくつけておく

シャワーヘッド ホースの汚れ

汚れを見逃しがち

1. スポンジや歯ブラシで洗う

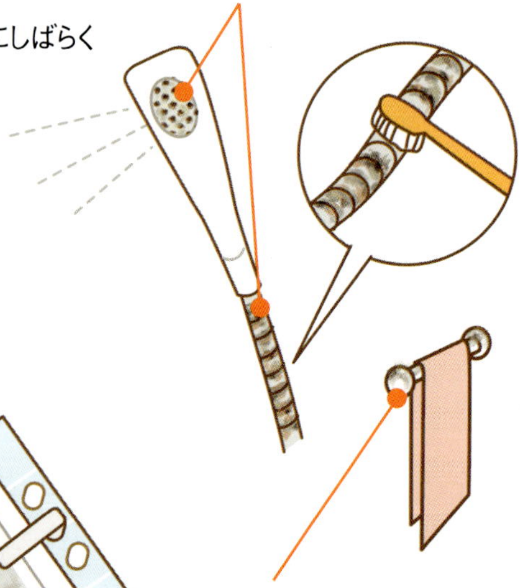

タオル掛けの汚れ

細かい金具も汚れていますよ

1. 素材がプラスチックなら乾いた雑巾に重曹水を吹きつけて拭く
金属なら乾いた雑巾で拭く
2. 金具などの細かい部分はコマツ棒で拭く

観葉植物は気のバロメーター

いい気が満ちていると… 植物はすくすく育ちます
重たい気が充満していると… 植物は枯れてしまいます
それだけじゃありませんよ もちろん愛情です

本邦初公開

私がいちばん大事にしている植物をご紹介します
母子家庭まっただなか
一筋の光を求めて購入したセントポーリア
私の愛情のすべてを注ぎ込んで14年目

14年間苦楽を共にしているセントポーリア
今秋もみごとな咲きっぷりです

洗面所チェックシート

	チェック内容	○	△	×
天井・換気扇・照明・床	天井や換気扇が汚れていませんか			
	照明が汚れていませんか			
	スイッチやコンセントが汚れていませんか			
	床が汚れていませんか			
窓・ブラインド・タオル掛け・ゴミ箱	窓やカーテンやブラインドが汚れていませんか			
	タオル掛けが汚れていませんか			
	ゴミ箱が汚れていませんか			
洗面台	歯ブラシ立てやコップなどが汚れていませんか			
	蛇口が汚れていませんか			
	蛇口のまわりが汚れていませんか			
	水栓やチェーンなどが汚れていませんか			
	排水口やあふれ防止穴が汚れていませんか			
	洗面ボウルが汚れていませんか			
キャビネット・鏡	キャビネットの上や棚が汚れていませんか			
	鏡が曇っていませんか			
	棚の中に不要なものが入っていませんか			
洗濯機・排水パン・ホース	洗濯槽の縁や洗濯槽の穴が汚れていませんか			
	洗濯機のフタやスイッチのまわりが汚れていませんか			
	ゴミ取りネットやネットの取り付け口が汚れていませんか			
	洗剤や柔軟剤の注ぎ口が汚れていませんか			
	排水パンやホース、排水口が汚れていませんか			

○・・・ピカピカ

△・・・ちょっと汚れているかな…

×・・・きゃー…ドロドロ

洗面所は明るさが大切
暗くてジメジメしていると
良い1日のスタートが切れません

換気扇の汚れ

ホコリで換気を妨げていませんか

1. 掃除機でホコリを取る
2. 隙間のホコリはマツイ棒で取る

激汚 カバーを外し、重曹水につけ置き洗いする

天井の汚れ

意外と汚れています

1. 月に1度くらいは掃除機をかける

照明の汚れ

ホコリで暗くなっていませんか

1. 重曹水を吹きつけた雑巾で拭く

激汚 外して洗うのが楽

床の汚れ

汚れでベタベタしていませんか

1. 掃除機をかける
2. かたく絞った雑巾で水拭きする

窓を開けて換気するのが一番
開けると窓の汚れも確かめられます
朝の習慣にしましょう

ブラインドの汚れ

気づかぬうちにホコリの宝庫

1. 軍手や古くなった靴下を手にはめ、少し湿らせてブラインドの羽根を1枚ずつ指で挟んで拭く

窓の汚れ

窓もピカピカ　お顔もピカピカ

1. 水を吹きつける
2. スクイージーで上から下へ拭く

タオル掛けの汚れ

こんなところも汚れます

1. 素材がプラスチックなら重曹水を吹きつけた雑巾で拭く
金属なら乾いた雑巾で拭く
2. 金具などの細かい部分はコマツ棒で拭く

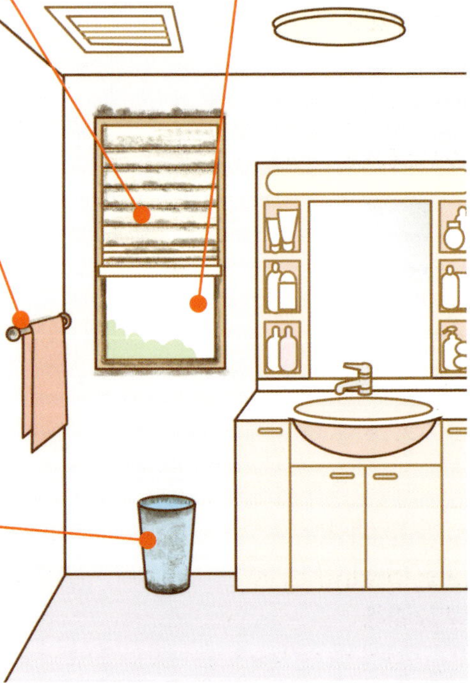

ゴミ箱の汚れ
（プラスチックの場合）

定期的に洗いましょう

1. かたく絞った雑巾で水拭きする

洗面台の掃除を簡単にするのは
ゴチャゴチャ物を置かないことです
洗面台がきれいだとあなたは“できた主婦”

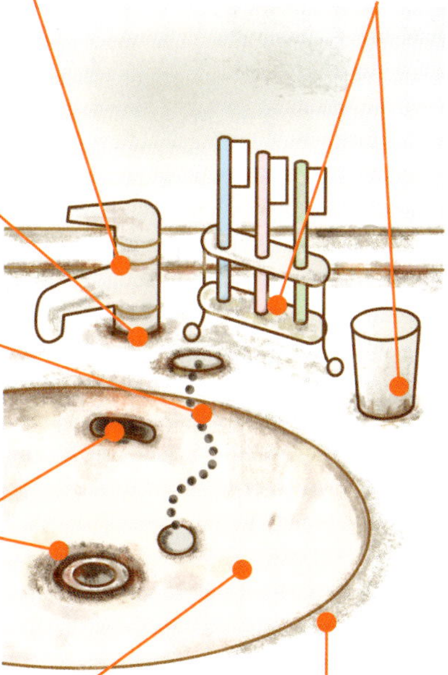

蛇口の汚れ

ちょっと磨けばピカピカに

1. 重曹水を吹きつけたスポンジで洗う
2. 乾いた雑巾で水気を拭き取る

蛇口のまわりの汚れ

ヌルヌルになっていませんか

1. 歯ブラシで洗う

水栓やチェーンの汚れ

チェーンも汚れています

1. 歯ブラシで洗う

排水口・あふれ防止穴の汚れ

中の汚れも見逃さずに

1. 重曹水を吹きつけて歯ブラシで洗う

洗面ボウルの汚れ

とても汚れやすい場所です こまめな掃除を

1. 重曹水を吹きつけてスポンジで洗う

歯ブラシ立て・コップなどの汚れ

清潔が第一ですよ!

1. スポンジと歯ブラシで洗う

洗面台の汚れ

汚れでベタベタしていませんか

1. かたく絞った雑巾で水拭きする

激汚 重曹水を吹きつけた雑巾で拭く

いつの間にか物が増える場所
増えると探し物も多くなる
ゆったり使うことで時間も節約　幸せもゲット

キャビネット・鏡

キャビネットの上の汚れ

一度見てください
すごい汚れにびっくり

1. かたく絞った雑巾で水拭きする
捨ててもよい雑巾で拭くこと

鏡の汚れ

水滴がついたらすぐに拭く習慣を

1. 重曹水を吹きつけた雑巾で拭く
2. めんどうならティッシュペーパーで拭くだけでもきれいになる

不要なものがぎっしり・棚の汚れ

思いきって処分する気持ちが大事

1. 棚の中のものを出す
使わないものは思いきって処分する
2. かたく絞った雑巾で外側、内側を水拭きする
3. 化粧品のボトルなどの側面、底面を雑巾で拭いてから棚に戻す

洗濯機もかなりカビています　汚れています
その汚れが衣服に付着して肌に悪さをします
肌の弱い方はとくに掃除しましょう

フタやスイッチのまわりの汚れ

手アカとホコリでベタベタ

1. かたく絞った雑巾で水拭きする
2. 雑巾で拭きにくい部分はマツイ棒で拭く

洗濯槽の縁の汚れ

見えない部分もしっかり掃除!

1. お酢をつけた歯ブラシで洗濯槽の縁を洗う
2. 洗濯槽を少し引っ張りぎみにする
3. マツイ棒を差し込んで拭く

ゴミ取りネット ネット取り付け口の汚れ

要注意!
細菌の宝庫です

1. ネットを外し、歯ブラシで洗う
2. ネットの取り付け口は歯ブラシにお酢をつけて洗う

洗剤や柔軟剤の注ぎ口

石鹸カスが固まっていませんか

1. マツイ棒で拭き取る

洗濯槽の穴

ホコリやカビの住みかです

1. 歯ブラシで洗う
2. 中に詰まった汚れは綿棒を差し込んで拭く

洗濯槽の楽ちん掃除

洗濯槽の裏側は恐ろしいほど汚れています
石鹸カスやカビの住みかなんです
掃除してみると出てくる、出てくる……
本当にぞっとしますよ
たまには徹底的に洗濯槽を大掃除しましょうね

❶ ゴミ取りネットを外し歯ブラシでホコリを取る
重曹を入れたお湯につけ置きする

❷ 洗濯槽に大さじ３～４杯の重曹を入れ
お湯をいっぱいにためる

できるだけ熱いお湯を使うと効果アップ

❸ 洗濯機を１分ほど回し、30分ほど放置する
その間に洗濯槽の縁やそのまわりを歯ブラシ、スポンジで洗う

手桶などでお湯を流しながら洗うと効率がアップ

❹ お湯を抜き、洗濯槽全体を歯ブラシ、スポンジで洗う
洗濯槽の穴の汚れは綿棒で取る

❺ ふたたびお湯をためて洗濯機を回して排水
これを数回繰り返す

洗濯機の下を見てください
かなりホコリが積もっているはずです
恐ろしいほどの汚れを発見するかもしれませんよ

排水パンやホースの汚れ

見えない部分も汚れています

1. かたく絞った雑巾で水拭きする
2. 手の届きにくい場所はマツイ棒で拭く
3. ホースの蛇腹は歯ブラシで洗う

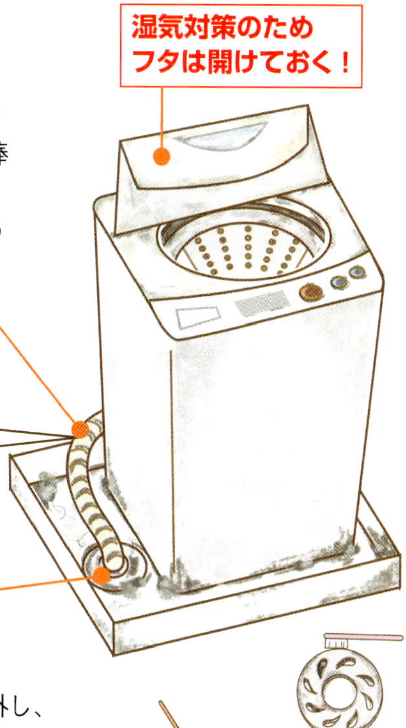

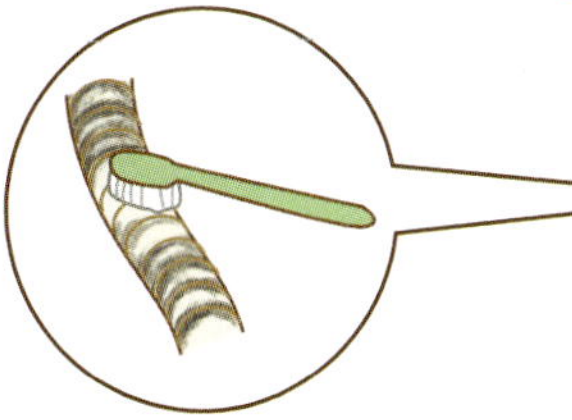

排水口の汚れ

排水口のフタは取り外せます

1. 排水口のフタ、接続部品を外し、歯ブラシで洗う
2. 排水口のまわり、内部はマツイ棒や歯ブラシで洗う

洗濯機をよけながらの排水口掃除はスペースが限られています
あらかじめ手桶などに水を用意し、洗い流しながら掃除をすると便利
男手のあるお家なら一度洗濯機を動かしてみましょう

Toilet

トイレ

トイレと健康は切り離せません
トイレ掃除は家の中で
いちばん楽しめます
それはスペースが
限られているからです
トイレ掃除は人の心も育てます
美しいトイレを私たちは汚せません

トイレチェックシート

	チェック内容	○	△	×
天井・換気扇・照明・窓	換気扇が汚れていませんか			
	天井が汚れていませんか			
	照明が汚れていませんか			
	窓が汚れていませんか			
	スイッチが汚れていませんか			
タンク	水栓金具が曇っていませんか			
	水受けに水アカがついていませんか			
	タンクの外側や中が汚れていませんか			
便器	トイレのフタを閉めていますか			
	便座のつなぎ目が汚れていませんか			
	便座の両面が汚れていませんか			
	便座との境目が汚れていませんか			
	便器の中や縁の裏側が汚れていませんか			
温水洗浄便座	送風口が汚れていませんか			
	シャワーノズルが汚れていませんか			
	操作盤が汚れていませんか			
トイレマット・スリッパ・床	タオル掛けやペーパーホルダーが汚れていませんか			
	便器の外側が汚れていませんか			
	スリッパやトイレマットが汚れていませんか			
	床が汚れていませんか			

○・・・ピカピカ
△・・・ちょっと汚れているかな…
×・・・きゃー…ドロドロ

トイレには陰の気がたまりやすい
汚いままだと悪い運気がたまるばかり
女性の健康とトイレは深いつながりがあります

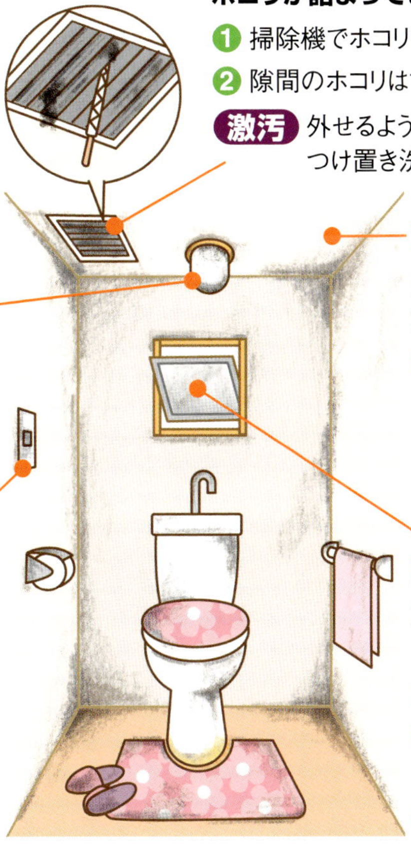

換気扇の汚れ

ホコリが詰まってませんか

1. 掃除機でホコリを取る
2. 隙間のホコリはマツイ棒で取る

激汚 外せるようなら重曹水につけ置き洗いする

照明の汚れ

暗いトイレは一層ジメジメ感

1. 重曹水を吹きつけた雑巾で拭く

激汚 外して洗うのが楽

天井の汚れ

見慣れていても意外と汚れています

1. 月に１度くらいは掃除機をかける

スイッチの汚れ

手アカでベトベト

1. 重曹水を吹きつけた雑巾で拭く
2. スイッチのまわりや隙間はコマツ棒や綿棒で拭く

窓の汚れ

窓枠の隅やサンのチェックもお忘れなく

1. 水を吹きつける
2. スクイージーで上から下へ拭く

激汚 重曹水を使う

頑固な水アカを諦めていませんか
新品同様にきれいにすることができます!
“落とすぞ”という執念と技でお掃除

水受けの水アカ

諦めていた
水アカも取れます

1. 重曹を振りかけて硬めのスポンジで磨く
2. ①で落ちないときはサンドペーパーや重曹水パック

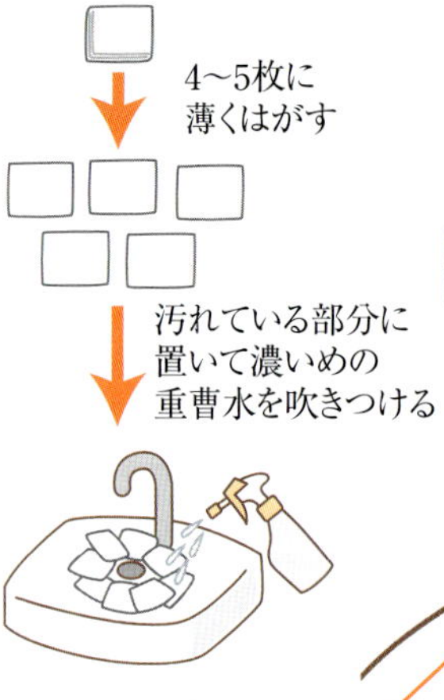
4~5枚に
薄くはがす
汚れている部分に
置いて濃いめの
重曹水を吹きつける

水栓金具などの曇り

ここが光っていると
あなたは“できた主婦”

1. 少し湿らせた雑巾で拭く

激汚 乾いたタオルにお酢をつけて拭く

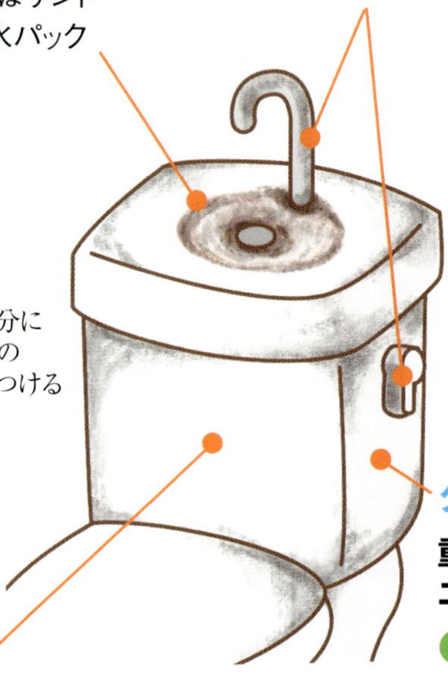

タンクの中の汚れ

重曹を使えば
ニオイも消える!

1. 大さじ2杯ほどの重曹をタンクの中に入れて一晩放置する
2. スポンジで洗う

タンク外側の汚れ

気づかぬうちに汚れが……

1. かたく絞った雑巾で水拭きする

激汚 重曹水を吹きつけた雑巾で拭く

トイレ掃除はマメにしていれば超カンタン
掃除しないと自分の首が締まります
こびりついた汚れは重労働 しかも取れない!

便座の汚れ

汚れの住みかになります

1. 電動式の便器は電源を切る
2. 便器と便座のすき間はつまようじにトイレットペーパーを巻きつけて拭く
3. 便座の両面はかたく絞った雑巾で拭く

便座のつなぎ目の汚れ

男性がいるお家はとくに注意!

1. つまようじのとんがったほうにトイレットペーパーを巻きつけて差し込むようにして拭く

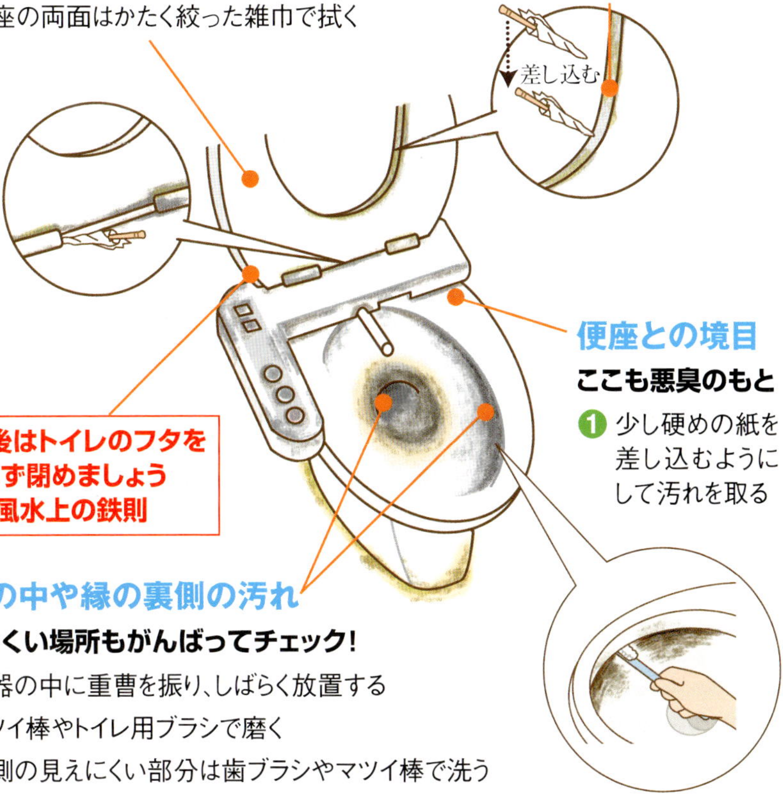

便座との境目

ここも悪臭のもと

1. 少し硬めの紙を差し込むようにして汚れを取る

使用後はトイレのフタを必ず閉めましょう
風水上の鉄則

便器の中や縁の裏側の汚れ

見えにくい場所もがんばってチェック!

1. 便器の中に重曹を振り、しばらく放置する
2. マツイ棒やトイレ用ブラシで磨く
3. 裏側の見えにくい部分は歯ブラシやマツイ棒で洗う

トイレは「こんなところまで……」と
思うようなところまで汚れています
目を見開いてしっかり汚れをキャッチ

シャワーノズルの汚れ

水アカ・カビには要注意!

1. シャワーノズルは引っ張り出すようにしてトイレットペーパーで拭く

激汚 歯ブラシで洗う

送風口の汚れ

中もたっぷり汚れています

1. 送風口の内側に、水で湿らせたコマツ棒や綿棒を差し込んで拭く

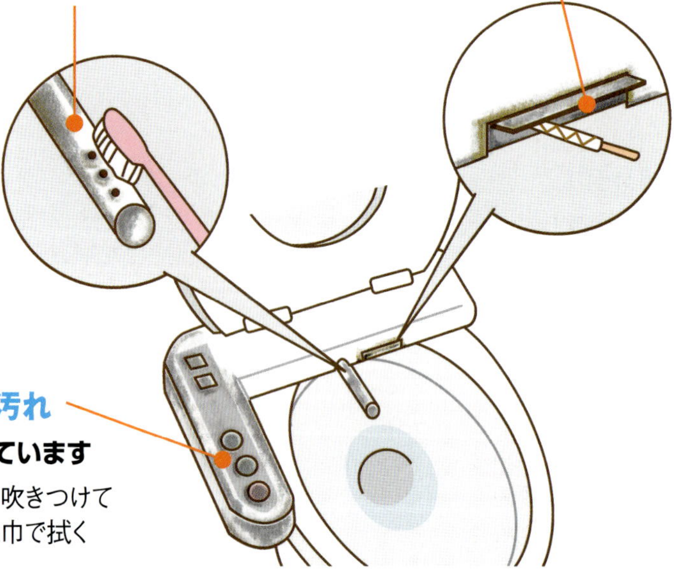

操作盤の汚れ

かなり汚れています

1. 重曹水を吹きつけて乾いた雑巾で拭く

掃除で重要なのは掃除道具の置き場所です 掃除道具がなかったから……
言い訳はトイレが汚くなるばかり コンパクトな掃除道具を
トイレの中に置けば言い訳もできません

トイレマットとスリッパは幸せアイテム
他の部屋とトイレをしっかり区別してくれます
お気に入りのグッズで素敵なトイレづくりを

ペーパーホルダーの汚れ

手アカだらけではないですか

1. 重曹水を吹きつけた雑巾で拭く
2. 壁との隙間はコマツ棒で拭く

タオル掛けの汚れ

金具の汚れに注意!

1. 素材がプラスチックなら重曹水を吹きつけた雑巾で拭く
金属なら乾いた雑巾で拭く
2. 金具などの細かい部分はコマツ棒で拭く

便器の汚れ

ここにも尿が!

1. かたく絞った雑巾で水拭きする

スリッパの汚れ

裏面は見落としがち!

1. 裏面はかたく絞った雑巾で水拭きする
2. 洗える素材のものはつけ置き洗いをする

トイレマットの汚れ

定期的に洗いましょう

1. 日常は掃除機でホコリをとる
2. 定期的に洗濯する

床の汚れ

床面と便器の隙間に注意!

1. かたく絞った雑巾で水拭きする
2. 便器との隙間はつまようじにトイレットペーパーを巻きつけて差し込むようにして拭く

2007年 夢 のような出来事

ロート製薬の新商品「50の恵」
イメージキャラクターに
私を選んでくださいました お試しくださいね！

問 ロート製薬株式会社
お客さま安心サポートデスク ☎03-5442-6001
（9:00〜18:00 土・日・祝日を除く）

マツイ棒バスが都内を走っています
いやぁ〜うれしいですね
街で見かけたら手を振ってくださいね！

問 日本製紙クレシア株式会社
お客様相談係 ☎03-5323-0299
（9:00〜16:30 土・日・祝日を除く）

船越家の謎　オーラの泉

話題のテレビ番組「オーラの泉」に船越が一年前
出演した際に、船越家のすべての謎が解明したのです
時は戦国時代、船越の前世は一国一城の主、お殿様
息子、隆一の前世は、な、な、なんとその城の若殿様　つまり
船越と隆一の前世は実は親子だったことが判明したのです
ところが無残にも父子は引き離され、永遠の別れがやってきた
のです
ある日彼等は窮地に立たされました　お城が敵陣に包囲されて
しまったのです　若殿様は父である殿様と家来を逃がすために
無謀にも身を投げ出し敵陣に乗り込んでしまったのです
どうにか殿様と家来は逃がせたものの、敵の弓矢に全身をくま
なく撃たれ、若殿様は若い命を落としてしまったのです
引き離された親子は、死後の世界でお互いを探し求めました
それから五百年、長い年月を経て、ついに二人はこの平成で再
会を果たしました　過去と同じ過ちを繰り返さないように、現世

ではあえて義理の親子として神様が会わせてくださったのです
この話をスピリチュアルカウンセラーの江原啓之先生に教えられた船越は涙が止まらず、ぼろぼろテレビで男泣き
不思議なんですが、その話を実証するかのように、船越と隆一顔がそっくりなんですよ　皆さんにお見せしたいくらいです
さてさて、この話はここで終わりではありません　実は私もその話に登場してくるのです　勝手に自分の前世はお姫様だろうくらいに考えていた私ですが、な、な、なんとそのお城に奉公していた下級の女中だったのです　それもあまりの下級さにお城のなかにも入ることも許されず、外からお城を眺めながらタライと洗濯板で殿様家族の無事を祈り、ジャブジャブ一日中洗濯していたそうです　この話をする江原先生の手はずっと洗濯するマネをしていました
「松居さんは戦国時代から洗濯し続けていたんです　そりゃ年季が違いますよ」ですって……
キャー私は戦国時代から家事やってたのね
そりゃ手に掃除機ダコができても仕方ないか！　と妙に納得した松居でした

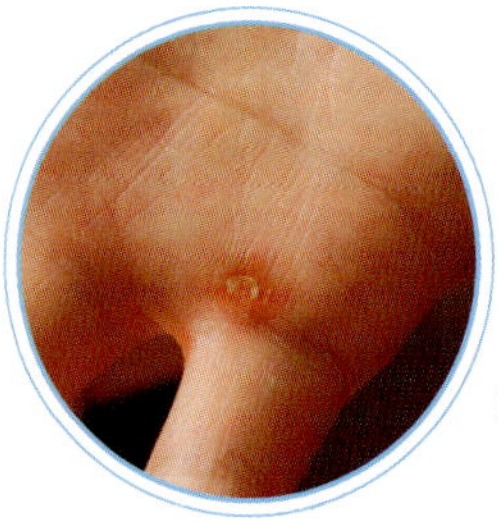
私の手にできている掃除機ダコ

今この章を読んで変な錯覚をしないでくださいよ　「私の前世は松居さんと違ってお姫様だから、家事なんかしなくてもいいんだ！」なんて思っている人がいたら大きな間違いですぞ

今の時代、お姫様もお局も存在しません　幸せになるには掃除をしないといけないのです

奇跡を呼び込むには掃除力なくして語れません

お姫様もお局も女中も、まずは掃除、掃除ですぞ

あとがき　感謝

四年ぶりに取り組んだ「掃除本」
掃除力が呼び込む奇跡の数々を身をもって体験している私は
ひとりでも多くの方に「掃除力」を味方につけて
人生を切り開いていただきたい一心でこの本を書き上げました
本に魂をこめて作り上げたつもりです
一年前からの構想で、ホコリ・汚れを本の中でリアルに描きたいと
考えておりました
「汚れ」を本からも感じとっていただき、ご自分の家と比較をすることで
皆さんの掃除をする気持ちを掻き立てたいと考えたからです
ところが今回なかなかその汚れがうまく描けずジレンマの連続
出版関係者の皆さんのお力をいただき
ついに満足できる汚れを描くことができました

出会いは、私達の人生を大きく変えます
人生に偶然はなく、出会うべくして出会うものだと私は常日頃思っています
この本を手に取ってくださった皆さんとも
ご縁があったからこそ出会えたのだと感謝しております
その皆さんが「掃除力」を活用して
素敵な毎日を歩んでくださることを願ってやみません
私はこれからも、どんなことに見舞われても決してひるむことなく
「生きていればできないことはない」精神とガッツで前進していきます
そして「掃除力」の偉大な力を知る者のひとりとして
これからも掃除マニアの方が増えることを願いながら
掃除のすばらしさをお伝えしていきたいと思います

今年満五十歳になった私
今後もどうぞよろしくお願いいたします

二〇〇七年　十一月　　松居一代

松居一代（まつい かずよ）
女優、エッセイスト
1957年滋賀県生まれ
1979年「11PM」の司会者として芸能界デビュー
主な出演映画に
「マルサの女」「肉体の門」「夜逃げ屋本舗2」など
著書に処女作『隆一の壮絶アトピー日記』（主婦の友社）
他に『アトピーがくれた生きる力』
『欠陥マンション、わが闘争日記』（ともにPHP研究所）がある
2004年11月に『松居一代の超（スーパー）おそうじ術』
2005年10月に『松居一代の超（スーパー）整理・収納術』
2006年10月に『松居一代の超（スーパー）お料理術』
（ともに主婦と生活社）を出版し、いずれもベストセラーに
芸能界一のお掃除名人としても大活躍
現在は、バラエティ番組にひっぱりだこ
2001年に長男を連れて結婚した俳優の船越英一郎氏との
“おしどり”ぶりも有名で、2006年ベストカップル賞を受賞
2007年6月芸能界一傘の似合う「傘リスト」に選ばれる

松居一代の開運おそうじ本

著　者　松居一代
発行者　伊藤仁
発行所　株式会社　主婦と生活社
〒104-8357　東京都中央区京橋3-5-7
電　話　03（3563）5130（編集部）
03（3563）5121（販売部）
03（3563）5125（生産部）

印刷所　大日本印刷株式会社
製本所　株式会社明泉堂

ISBN978-4-391-13507-7

協力　（株）ホリプロ
装丁・本文デザイン　宮崎恭子　渡辺桂
撮影　高山浩数（P33・P63）宮崎恵理子「週刊女性」写真班
イラスト　長嶋八千代　陶山みづほ
編集協力　（有）オーキャン
編集担当　太田裕子　住田幸子